Dolores Eulalia Gomez Urrego

Eficiencia, acceso al agua y política de control de la contaminación

AF821544

Dolores Eulalia Gomez Urrego

Eficiencia, acceso al agua y política de control de la contaminación

Un caso de estudio para Colombia

PUBLICIA

Impressum / Aviso legal
Bibliografische Information der Deutschen Nationalbibliothek: Die Deutsche Nationalbibliothek verzeichnet diese Publikation in der Deutschen Nationalbibliografie; detaillierte bibliografische Daten sind im Internet über http://dnb.d-nb.de abrufbar.
Alle in diesem Buch genannten Marken und Produktnamen unterliegen warenzeichen-, marken- oder patentrechtlichem Schutz bzw. sind Warenzeichen oder eingetragene Warenzeichen der jeweiligen Inhaber. Die Wiedergabe von Marken, Produktnamen, Gebrauchsnamen, Handelsnamen, Warenbezeichnungen u.s.w. in diesem Werk berechtigt auch ohne besondere Kennzeichnung nicht zu der Annahme, dass solche Namen im Sinne der Warenzeichen- und Markenschutzgesetzgebung als frei zu betrachten wären und daher von jedermann benutzt werden dürften.

Información bibliográfica de la Deutsche Nationalbibliothek: La Deutsche Nationalbibliothek clasifica esta publicación en la Deutsche Nationalbibliografie; los datos bibliográficos detallados están disponibles en internet en http://dnb.d-nb.de.
Todos los nombres de marcas y nombres de productos mencionados en este libro están sujetos a la protección de marca comercial, marca registrada o patentes y son marcas comerciales o marcas comerciales registradas de sus respectivos propietarios. La reproducción en esta obra de nombres de marcas, nombres de productos, nombres comunes, nombres comerciales, descripciones de productos, etc., incluso sin una indicación particular, de ninguna manera debe interpretarse como que estos nombres pueden ser considerados sin limitaciones en materia de marcas y legislación de protección de marcas y, por lo tanto, ser utilizados por cualquier persona.

Coverbild / Imagen de portada: www.ingimage.com

Verlag / Editorial:
PUBLICIA
ist ein Imprint der / es una marca de
ICS Morebooks! Marketing SRL
4, Industriala street, 3100 Balti, Republic of Moldova
Email / Correo Electrónico: info@omniscriptum.com

Herstellung: siehe letzte Seite /
Publicado en: consulte la última página
ISBN: 978-3-8416-8394-6

Zugl. / Aprobado por: Barcelona, Universidad Autónoma de Barcelona, Tesis Doctoral, 2016

Copyright / Propiedad literaria &cop Dolores Eulalia Gomez Urrego
Copyright / Propiedad literaria © 2017 ICS Morebooks! Marketing SRL
Alle Rechte vorbehalten. / Todos los derechos reservados. Saarbrücken 2017

Contenido

Ensayo 2.

Ensayo 3.

Introducción

La naturaleza compleja del agua se expresa en los diversos roles que cumple y en el conjunto de características particulares que posee. En concreto se considera un insumo productivo, un elemento esencial para garantizar la vida y un recurso natural fundamental en la conservación de los ecosistemas y la biodiversidad. En el primer caso el agua se entiende como un bien económico o insumo para la producción de bienes y servicios. Desde este paradigma se hace énfasis en el uso del agua para actividades como generación hidroeléctrica, abastecimiento humano, producción agrícola, industrial y minera. La dimensión social del agua tiene como prioridad el uso de ésta para consumo humano. Desde esta visión se considera el acceso al agua como un derecho humano por lo cual el abastecimiento humano tiene prevalencia sobre los demás usos. Entre tanto, en la dimensión ambiental el agua se entiende como un recurso natural cuyo manejo debe orientarse por principios de sustentabilidad, equidad intergeneracional y cooperación entre los usuarios para evitar su degradación.

De otra parte, se encuentran las características particulares del agua. Primero, se considera un recurso vital y no sustituible, por lo cual es difícil excluir de su consumo a otros usuarios. En concreto el agua tiene algunas características de bien público. En este sentido es fundamental el papel del gobierno para garantizar el acceso al agua. Segundo, el agua es un flujo que no tiene límites geográficos, políticos o administrativos. Además es un recurso que varía de forma irregular e incierta en el tiempo y el espacio. Estos dos aspectos hacen difícil la definición y el establecimiento de los derechos de propiedad. Tercero, el almacenamiento, transporte y la distribución del agua requieren grandes inversiones en infraestructura con altos costos hundidos. De tal manera que la oferta de agua se caracteriza por las economías de escala y alcance, constituyendo un monopolio natural. Estos factores plantean importantes retos para la regulación. Cuarto, la interdependencia e interrelación entre los usuarios y los diferentes usos del agua generan externalidades negativas, que implican la existencia de fallos del mercado. Quinto, el agua es un bien cuyo mercado no es homogéneo. La disposición a pagar por el mismo bien varía dependiendo del tipo de usuario. Consumidores residenciales e industriales están dispuestos a pagar más por una menor cantidad de agua que los usuarios agrícolas o mineros. De igual forma, la demanda de agua para cada categoría de usuario tiene diferentes requerimientos de calidad, cantidad y disponibilidad. Por lo tanto, la asignación de este recurso, a veces, se hace estableciendo prioridades y no por medio del mercado.

La implementación de las políticas públicas relacionadas con la gestión del agua y la regulación de los recursos hídricos, enfrenta diferentes retos asociados con los atributos físicos del agua y los roles social, económico y ambiental. En el caso de Colombia, por ejemplo, los mecanismos de regulación empleados y los recursos económicos invertidos no han logrado garantizar el acceso universal al servicio de agua potable, ni evitar el uso y la gestión ineficiente de este recurso natural. De igual forma, la contaminación de diferentes fuentes de agua y la sobreexplotación de diversos acuíferos siguen siendo problemas significativos actualmente.

La existencia de diferentes problemas relacionados con el acceso, la eficiencia y la contaminación del agua en Colombia, constituyen la principal motivación para llevar a cabo esta tesis. La investigación se estructura en tres ensayos que giran en torno al tema del agua. En cada uno se aborda una problemática diferente en relación con este recurso natural. El objetivo principal es aportar nueva evidencia empírica y un mayor conocimiento de cuestiones como la eficiencia de la industria de agua potable, los determinantes del acceso y la calidad del servicio de acueducto y los efectos de la regulación de la contaminación de los recursos hídricos en el contexto de una cuenca.

En el primer ensayo se estima una frontera estocástica de costos controlando por los posibles problemas de heteroscedasticidad. La idea es estudiar el comportamiento de la eficiencia de costos en una muestra de empresas que ofrece el servicio de agua potable en Colombia. En concreto se busca responder las siguientes preguntas: ¿Existen diferencias en la eficiencia de costos entre empresas públicas y privadas?, ¿Cuáles fueron los efectos, sobre el nivel de eficiencia, del cambio regulatorio implementado en el año 2006?, ¿Qué efectos tiene el tamaño y el alcance regional de las empresas de acueducto en la eficiencia? En resumen, los resultados muestran que, para la muestra de empresas en estudio, no existen diferencias estadísticamente significativas en la eficiencia entre las empresas públicas y privadas o entre las empresas de diferente tamaño. De igual forma, los resultados confirman que los cambios en la regulación no generaron cambios significativos, en términos estadísticos, en los niveles de eficiencia de costos. Entre tanto, la calidad del agua de la fuente de abastecimiento del servicio de acueducto es un factor que afecta significativamente los costos. Estos resultados muestran la relevancia de este ensayo. En general permite aportar nuevos elementos al debate sobre la mayor eficiencia de empresas de naturaleza privada o de mayor tamaño frente a las empresas públicas y las empresas de menor tamaño. Así mismo, es importante destacar el papel determinante de la calidad del agua en relación con una menor eficiencia de costos.

El segundo capítulo se lleva a cabo con la idea de abordar la cuestión de los determinantes del acceso y la calidad del servicio de acueducto. En este caso se usa la Encuesta Nacional de Calidad del Vida del año 2014 para estimar un modelo probit. Adicionalmente se hace un análisis de la relación entre el nivel de ingreso, medido por el gasto per cápita y variables como el acceso, la calidad y el gasto en el servicio de acueducto. Los resultados muestran que el área y la región de residencia, así como variables ambientales y algunas características individuales afectan la probabilidad de tener acceso al agua potable y además determinan la calidad del servicio de acueducto. Adicionalmente, es importante señalar que la calidad del servicio de acueducto es mejor en el área rural frente a la zona urbana. Este ensayo permite identificar una serie de factores estructurales que son relevantes a la hora de formular las políticas públicas que permitan mejorar la calidad y el acceso a un servicio básico como el acueducto.

Finalmente, en el capítulo tres se toma como caso de estudio la cuenca alta del río Cauca. El objetivo es evaluar el efecto del impuesto a la contaminación del agua y presentar algunas propuestas de política para disminuir el deterioro de la calidad de los recursos hídricos en el Departamento del Valle del Cauca. En este trabajo se combinan el análisis institucional, el estudio de caso y herramientas econométricas. En concreto los resultados indican que el cobro del impuesto por las descargas de sustancias contaminantes a los recursos hídricos ha tenido resultados parciales. Sólo parámetros como la Demanda Química de Oxígeno ha presentado disminuciones significativas. Entre tanto, el caudal del río es un factor que explica la variación de algunos de los parámetros empleados como indicadores de la contaminación. Este ensayo es relevante porque aborda el problema de la contaminación de los recursos hídricos en el contexto de un país como Colombia, con abundantes recursos hídricos pero con una creciente degradación de la calidad del agua.

Ensayo 1.

Comportamiento de la eficiencia de costos en una muestra de empresas de agua potable en Colombia entre 2004-2013

Resumen.

El objetivo de este ensayo es estimar los efectos del cambio de regulación, el tipo de propiedad, el tamaño de las empresas y la calidad del agua sobre la evolución de la eficiencia de costos en una muestra representativa de empresas proveedoras del servicio de acueducto en Colombia. Mediante evidencia empírica, se pretende contribuir al campo de estudio de la eficiencia en la industria de agua potable. Se estima una frontera de costos estocástica heterocedástica usando un panel de 70 empresas observadas en el periodo 2004-2013. Los principales resultados sugieren que las empresas privadas no son más eficientes en costos que las empresas públicas. Igualmente, las estimaciones permiten concluir que las empresas regionales y de mayor tamaño no son más eficientes que las empresas que atienden un solo municipio y tienen un menor tamaño. Adicionalmente se observa que la calidad del agua de la fuente de abastecimiento influye en los costos. Finalmente, no se observan cambios estadísticamente significativos en la eficiencia después del cambio en la regulación que comenzó a aplicarse en el año 2006.

1. Introducción.

La disponibilidad de servicios públicos como acueducto, alcantarillado, electricidad y telecomunicaciones son un factor clave en el funcionamiento de la economía. En general la provisión de estos servicios afecta significativamente la productividad, los costos y el crecimiento e inciden en la reducción de la pobreza (Guasch, 2004). En el contexto de América Latina, desde finales de la década de 1980-1990 la gestión de estos servicios pasó de estar bajo el monopolio del Estado a tener una creciente participación del sector privado. En este esquema el papel de gobierno se orienta hacia la regulación mediante políticas que promuevan la eficiencia y la competencia en la prestación de los servicios públicos domiciliarios.

Las características de las industrias de red como el acueducto y el alcantarillado hacen que su regulación sea compleja. En general, estos servicios se distinguen por ser un monopolio natural local dados los altos costos hundidos, las economías de escala y densidad que los caracteriza. Además proveen bienes de consumo masivo y generan diferentes externalidades. En la teoría económica moderna, la regulación se analiza generalmente como un problema de agente – principal (Jouravlev, 2001). Según este enfoque, el problema del Gobierno como principal (Regulador) es su dependencia de las conductas de los agentes económicos (Operadores), de los cuales no tiene información perfecta. Esta asimetría se manifiesta en la selección adversa en la etapa precontractual, al no disponer de todos los elementos de juicio para seleccionar al agente económico más idóneo (competencia por el mercado), y en el riesgo moral de la etapa contractual. Este riesgo se produce al no evaluar adecuadamente los riesgos y, por consiguiente, no tener claridad sobre las consecuencias de las acciones del agente (CRA, 2012).

La existencia de asimetrías de información reduce la capacidad del regulador para lograr simultáneamente la eficiencia productiva y la eficiencia asignativa. En concreto, el regulador enfrenta el siguiente dilema. Si el prestador recibe una compensación que no guarda relación con los costos reales observados, entonces se logra la eficiencia productiva porque el prestador retiene para sí cualquier beneficio derivado de una reducción de costos. En cambio, se puede ver afectada la eficiencia asignativa porque es probable que los precios no guarden relación con los costos. Si, por el contrario, el prestador recibe una compensación determinada sobre la base de los costos observados, los beneficios y problemas se invierten: como los precios siguen de cerca a los costos, los incentivos para la eficiencia en las asignaciones son adecuados pero no así los incentivos para reducir los costos (Jouravlev, 2001).

En Colombia el sector de agua potable inicia un proceso de transformación desde el año 1989 cuando se suprimió el Instituto de Fomento Municipal (Insfopal). Este Instituto junto con las entidades departamentales y municipales centralizaban las fases de financiación, planificación, diseño, construcción, operación, mantenimiento y administración de los servicios públicos. La descentralización en la prestación del servicio de agua potable, llevó a la aparición de numerosos y heterogéneos prestadores del servicio[2]. En este sentido, se argumenta que el nuevo esquema no permite que se den las condiciones suficientes para el aprovechamiento de las economías de escala y alcance, además de incrementar los costes de supervisión y regulación de la industria de agua potable (Revollo et al., 2010).

Una segunda fase del proceso de descentralización de la prestación del servicio de agua potable se produce entre los años 1991-1994. A partir de la expedición de una nueva Constitución política el país avanzó hacia una mayor apertura económica y descentralización de los procesos administrativos. En el caso de los servicios públicos domiciliarios se generaron las condiciones favorables para que el capital privado invirtiera en empresas prestadoras de estos servicios. La creación de la institucionalidad y el marco regulatorio para la prestación de los servicios públicos domiciliarios (Ley 142 de 1994) permitió la consolidación de una estructura en la cual el Gobierno Central tiene la función de control y regulación, mientras que los municipios asumen la responsabilidad de garantizar la prestación del servicio de agua potable bien sea mediante empresas municipales, asociaciones público privadas o a través de la concesión de dicho servicio a operadores privados.

[2] Se estima que en Colombia existen cerca de 12.000 prestadores del servicio de agua potable de carácter comunal en áreas rurales, mientras que en las áreas urbanas existen cerca de 1.500 empresas que ofrecen el servicio. Lo anterior representa un número elevado de prestadores, para una población nacional de aproximadamente 47 millones de personas distribuidas en 1.102 municipios.

La Comisión de Regulación de Agua Potable y Saneamiento Básico (CRA, en adelante), creada a partir de la Ley 142 de 1994, buscó que las nuevas tarifas reflejaran los costos reales de producción de los servicios[3]. En primer lugar, se implementó un nuevo marco tarifario que buscaba garantizar la suficiencia financiera a las empresas prestadoras del servicio. Adicionalmente, su objetivo era incentivar la participación de inversionistas privados en el sector de agua potable garantizando tasas de retornos similares a las de otros sectores con riesgos similares (Cadavid, 2007). En el año 2004, se inicia una nueva fase de la regulación a partir de la cual se implementa un sistema de contabilidad de los insumos y costes de las empresas con el fin de comenzar a medir la eficiencia. La metodología utilizada por el ente regulador es el Analisis de la Envolvente de Datos (DEA) Este nuevo método busca regular las tarifas del agua sobre la base de un enfoque de regulación por comparación. Este enfoque evalúa el desempeño individual en relación a las mejores prácticas observadas de una muestra de empresas actuando bajo condiciones similares. El precio regulado que cobra cada firma por sus servicios se fija con el costo promedio de las firmas restantes de la muestra.

En la aplicación del mecanismo de regulación por comparación se deben explorar diferentes metodologías para estimar la eficiencia. De esta manera se puede dar mayor consistencia a los resultados obtenidos y facilitar su posible aplicación como factor de ajuste en las tarifas. En tal sentido, en este ensayo se estima una frontera estocástica de costos heteroscedastica. Las principales diferencias entre la metodología DEA y la frontera estocástica es que la primera es una técnica no paramétrica basada en la programación lineal mientras que la frontera estocástica es un método paramétrico que permite estimar las funciones de costos y de producción por medio de herramientas econométricas. El DEA busca determinar cuáles firmas son las que forman una superficie envolvente o frontera eficiente. Las firmas que están sobre la frontera son consideradas eficientes, mientras que las firmas que están por debajo de la frontera son consideradas ineficientes. Entre tanto, la frontera estocástica se basa en la estimación de una ecuación con una determinada forma funcional y de distribución estadística de los residuos. Finalmente la estimación de la eficiencia a partir de funciones de frontera

[3] Antes de la vigencia de la Ley 142 de 1994 las tarifas que regían la prestación de los servicios de acueducto y alcantarillado se fijaban sin seguir criterios técnicos y económicos (CRA, 2008).

estocástica, requiere controlar por la presencia de heteroscedasticidad tanto en el término de error como en el componente de la eficiencia técnica.

En concreto en este ensayo se plantean tres objetivos. Por un lado, se evalúan los efectos que tiene la calidad del agua sobre la eficiencia de costos. De otra parte, se busca establecer si existen diferencias significativas en la eficiencia de costos entre empresas de naturaleza pública y privada, o entre empresas con alcance regional y las que sólo prestan sus servicios en un sólo municipio. Finalmente se pretende determinar si el cambio regulatorio introducido en el 2004 e implementado a partir de 2006 tuvo efectos significativos en la evolución de los costos operativos en el período 2005-2013.

Este trabajo se estructura en seis secciones incluyendo la introducción. En la segunda sección se presentan los principales elementos característicos del servicio de agua potable en Colombia. A continuación se resume el marco teórico y se expone parte de la literatura empírica sobre el tema de la eficiencia. La cuarta sección contiene la metodología y el análisis descriptivo de los datos. Finalmente en la quinta parte del ensayo se analizan los resultados de la frontera estocástica de costos estimada y se hace un estudio diferencial de las 5 empresas más y menos eficientes, así como un estudio de caso de la empresa de acueducto de la ciudad de Cúcuta. En la sexta parte se resumen las conclusiones y recomendaciones de política, respectivamente.

2. Caracterización de la industria de agua potable en Colombia.

En la gráfica 1, se observa la estructura institucional de la industria de agua potable. A nivel nacional se encuentran los diferentes Ministerios y el Departamento Nacional de Planeación. Varios Ministerios, dentro de su especialidad, cuentan con un ente encargado de ejecutar las políticas, planes y programas relacionados con la prestación de los servicios de agua potable y saneamiento básico. En particular, el Ministerio del Medio Ambiente y Desarrollo Sostenible, a través del Instituto de Hidrología, Meteorología y Estudios Ambientales (IDEAM) se encarga de los procesos naturales que determinan el ciclo del agua, su oferta y demanda, probabilidad de desbordamiento de los ríos, inundaciones, sequía y contaminación de los recursos hídricos, así como la interacción del recurso con los procesos socioeconómicos. Por su parte, En Ministerio de Hacienda, por medio del Fondo de Desarrollo (FINDETER) financia la construcción, ampliación y reposición de infraestructura correspondiente al sector de agua potable y saneamiento básico. El Ministerio de Salud y Protección Social, es quién monitorea la calidad del agua que distribuyen las empresas de agua potable. Esta función la realiza a través de las secretarias de salud departamental y municipal.

Gráfica 1. Estructura Institucional de la industria de agua potable y saneamiento.

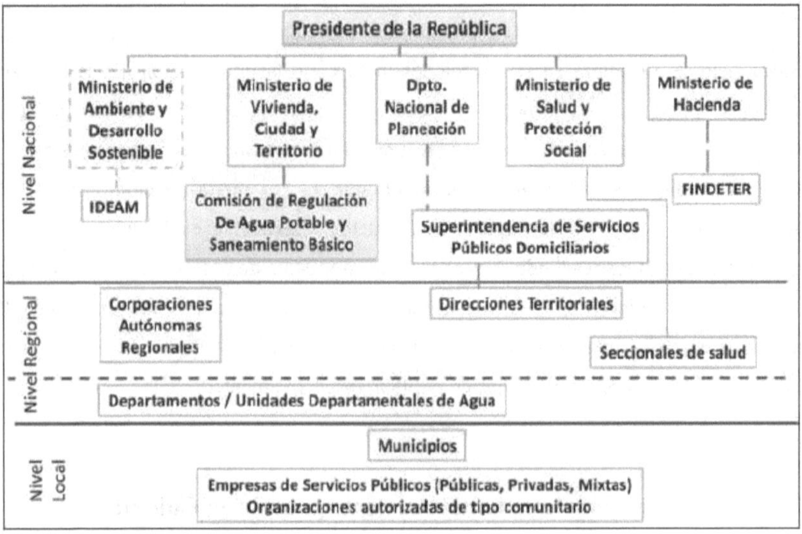

Fuente: Comisión de Regulación de Agua Potable y Saneamiento Básico (CRA, 2012).

De otro lado, la regulación específica del sector está a cargo de la Comisión de Regulación de Agua Potable y Saneamiento Básico (CRA). Esta comisión se creó a partir de la Ley 142 de 1994, y tiene autonomía administrativa, técnica y patrimonial. Entre sus múltiples funciones se destacan las siguientes: definir las fórmulas y metodologías tarifarias de estos servicios; regular los monopolios e incentivar la competencia; establecer los criterios, modelos e indicadores para evaluar la gestión y la eficiencia de las entidades prestadoras de los servicios; fijar normas de calidad, entre otras. Por su parte, la Superintendencia de Servicios Públicos (SSDP, en adelante), cuenta con una Superintendencia Delegada para Acueducto, Alcantarillado y Aseo encargada de llevar a cabo las evaluaciones integrales a las empresas prestadoras de dichos servicios públicos. Adicionalmente es la encargada de verificar la aplicación por parte de las empresas prestadoras del régimen tarifario y comercial, y examinar la calidad, veracidad y consistencia de la información consignada sobre dichas sociedades dentro del Sistema Único de Información (SUI), entre otras funciones.

Por último, se presentan las principales características de las empresas que ofrecen el servicio de acueducto. La descentralización en la prestación de los servicios de acueducto y saneamiento ha generado una atomización significativa de la industria. Según los datos de la Superintendencia de Servicios Públicos en el año 2010, existían 6.453 prestadores del servicio de agua potable registrados. Dado que en Colombia existen 1.102 municipios, se corrobora que cada uno cuenta con más de un prestador. Esta situación es frecuente en los municipios pequeños donde la población urbana es atendida por el municipio directamente o por organizaciones autorizadas, mientras que las áreas rurales son atendidas por organizaciones comunitarias (SSDP, 2010).

De otro lado, en los municipios con menos de diez mil habitantes, predominan las empresas municipales en la prestación del servicio de agua potable. No obstante, el 66% de la población del país es atendida por siete empresas especializadas que operan en las siete ciudades más grandes de Colombia. Cabe señalar que tres de estos grandes prestadores son de propiedad pública municipal. En cuanto a los aspectos financieros, es importante resaltar que en los municipios con más de diez mil habitantes, la tarifa que se cobra por el servicio de agua potable es la principal fuente de financiación, mientras que en los pequeños municipios el financiamiento de la prestación del servicio depende principalmente de las transferencias del Gobierno Central y Departamental (SSDP, 2010). Otro aspecto a tener en cuenta es el esquema de subsidios cruzados que se aplica en el cobro de los servicios de acueducto y alcantarillado en Colombia. Los estratos socioeconómicos de más bajos ingresos son subsidiados por las personas que se encuentran en los estratos 5 y 6 junto con los usuarios del comercio. No obstante, las empresas que prestan el servicio de acueducto en pequeños municipios donde predomina la población que pertenece a los estratos socioeconómicos 1, 2 y 3, tiende a tener déficits porque los subsidios a las tarifas son superiores a las contribuciones.

3. Marco teórico y literatura empírica relacionada con el tema del agua potable.

3.1 Teoría económica del agua.

La industria de agua potable se caracteriza por ser un monopolio natural y además presenta importantes externalidades negativas asociadas con el consumo de agua con bajos niveles de calidad. La combinación de estos factores plantea importantes retos para la gestión y regulación de este servicio. Así mismo, las asimetrías de información y el riesgo moral que implica el traslado de los costos por ineficiencia de las empresas hacia los consumidores o los márgenes de rentabilidad que requieren las empresas privadas para invertir en el sector, pueden causar importantes pérdidas de bienestar en los consumidores que deben asumir los costos vía tarifas.

La industria de agua potable tiene algunas características que la diferencian de otras industrias de red. Por ejemplo, la presencia grandes costos hundidos, así como economías de escala, alcance y aglomeración, generan monopolios naturales locales o regionales. Por definición el monopolio, en ausencia de regulación, produce una cantidad inferior a la que sería eficiente en condiciones de mercado competitivo y cobra un precio superior al obtenido en equilibrio en un mercado con muchos competidores. Adicionalmente, ante la carencia de amenaza creíble de entrada de un competidor al mercado, debido a la gran cantidad de inversiones iniciales en infraestructura y a la ineficiencia de instalar dos o más redes de acueducto en el mismo territorio, se crea una situación en la que las empresas que operan el sistema de abastecimiento de agua, no tienen incentivos para bajar costos o mejorar la calidad del servicio.

Igualmente, la condición de monopolio natural local del servicio de acueducto limita las posibilidades de los consumidores de acceder a los beneficios asociados con la libre competencia. En tal caso, los usuarios del servicio de agua potable muchas veces no pueden acceder a fuentes alternativas de suministro y experimentan significativas pérdidas de bienestar si el servicio al que tienen acceso es de baja calidad físico-química o si el precio que deben pagar por el consumo de agua es demasiado elevado. Por tratarse de un bien esencial, su demanda es altamente inelástica sobre todo en los niveles básicos de consumo. Dada la naturaleza del bien que producen, las empresas que ofrecen el servicio de agua potable están sometidas a regulación de las tarifas que cobran por el agua potable. Adicionalmente, deben ofrecer el nivel de agua que demanden sus consumidores y por lo general no tienen influencia en el precio de los insumos. Por tanto, las empresas intentaran maximizar sus beneficios reduciendo arbitrariamente la calidad del servicio, invirtiendo menos de lo que debería en infraestructura, en comparación con el nivel eficiente y además no revelando los verdaderos costos de prestación del servicio. De esta manera se produce una apropiación de rentas o excedentes del consumidor al cobrar un precio muy superior al costo marginal incluso a pesar de la existencia formal de regulación (Jouravlev, 2001).

Otro elemento característico de las empresas de acueducto es que, para poder suministrar agua potable, requieren unos activos cuya vida útil promedio es muy larga. De igual forma las significativas inversiones iniciales requeridas para comenzar a operar el sistema de abastecimiento, requiere que los Estados interesados en estimular la inversión privada, promuevan condiciones jurídicas estables y rentabilidad elevada al capital privado para incentivar su entrada en la industria. Usualmente se presenta la privatización de los servicios públicos como la solución a los problemas de ineficiencia, aumento de cobertura y aumento de la calidad. No obstante, las experiencias de distintos países[4] muestran que la privatización por sí sola no necesariamente garantiza ganancias de eficiencia frente a las empresas públicas. Existen factores como la regulación y las instituciones de control, que son fundamentales en el proceso de garantizar el acceso al servicio de agua potable en condiciones seguras y asequibles para los consumidores.

3.2 Revisión de la literatura empírica.

Los regímenes regulatorios modernos se basan en diferentes incentivos para mejorar la eficiencia de las empresas que operan en condiciones de monopolio natural. El mecanismo de regulación por comparación o competencia por comparación es actualmente usado en industrias de red como el servicio de agua potable. La

---

[4] Estache et al. (2006) analizan diferentes fases del proceso de privatización de los servicios públicos en América Latina y sus principales virtudes. Mientras que Foster, V. (2005) hace énfasis en la necesidad de regular la calidad del servicio de agua potable. Entendiendo la calidad como potabilidad, presión y continuidad del agua, de forma complementaria con la regulación de precios.

información estimada a partir de los índices de eficiencia, se usa luego para fijar las tarifas de las empresas reguladas por comparación con otras parecidas. Este mecanismo permite que parte de las ganancias de eficiencia sean trasladadas a los usuarios, procurando al mismo tiempo los incentivos a las empresas menos eficientes para reducir los costos (Ferro et al. 2009).

Usualmente, los investigadores interesados en el tema de la eficiencia técnica y asignativa de la industria de agua potable se concentran en tres grandes temas. En primer lugar se busca verificar sí existen o no economías de escala y alcance. En segundo lugar se estiman los efectos de la reformas regulatorias y el tipo de propiedad sobre el funcionamiento de las empresas. Por último se busca determinar la influencia de variables ambientales, entre las que se destacan la fuente de agua, la densidad y alguna medida del índice de calidad del servicio, en los niveles de ineficiencia.

Entre los estudios que se concentran en la estimación de economías de escala y alcance se destacan el realizado por Nauges y Van den Berg (2007). A partir de la estimación de una función de costos translogarítmica, encontraron evidencia de la existencia economías de escala[5] en el caso de Colombia, Moldavia y Vietnam, pero no en el caso de Brasil. Adicionalmente muestran que la estructura de costos del sector de agua potable y alcantarillado varía considerablemente entre países, dentro de los países, y a lo largo del tiempo, lo cual tiene implicaciones sobre la forma de regular el sector.

Por otro lado, se destaca el trabajo de Revollo y Londoño (2010) en el cual analizan las economías de escala y alcance en los servicios de acueducto y alcantarillado en Colombia. Toman una muestra de 77 empresas en un panel desbalanceado para el periodo 2003–2005. Con base en la estimación de funciones de costos translogarítmica, Cobb-Douglas y cuadráticas, conjuntamente con las ecuaciones de participación, verifican la presencia de economías de escala y alcance para los servicios de acueducto y alcantarillado en Colombia. De igual forma, identifican que las empresas consideradas medianas y pequeñas presentan mayores economías de escala que las empresas grandes. En estas últimas las economías de escala son bajas o casi nulas.

[5] Thanassoulis (2000) argumenta que el tamaño de las empresas tiende a depender de variables contextuales, como la población atendida, la dispersión de la población y así sucesivamente. Por lo tanto, son variables fuera del control de los responsables de las empresas.

En general, la revisión de la literatura relacionada con el tema de las economías de escala muestra que las empresas de acueducto y alcantarillado tienen un tamaño óptimo a partir del cual, si crecen más pueden comenzar a experimentar deseconomías de escala (Nauges y van den Berg (2007), Mizutani y Urakami (2001), Saal y Parker, (2000)). De igual forma, la evidencia existente muestra que las empresas pequeñas o medianas podrían reducir los costos unitarios mediante la consolidación de empresas de servicios públicos con empresas vecinas (Fabbri y Fraquelli (2000), Kirkpatrick et al. (2006), Torres y Morrison Paul (2006), Filippini et al. (2008), García et al. (2007)).

De otro lado, en el Reino Unido y los Estados Unidos existe gran interés por conocer los efectos de cambios en la regulación y el tipo de propiedad sobre la eficiencia[6]. No obstante, recientemente ha aumentado el interés por el tema de las variables ambientales como la calidad del servicio y del agua, al estimar los niveles de eficiencia. Saal y Parker (2000, 2001) plantean el tema de la calidad en el suministro del agua y sus efectos sobre la eficiencia. Usaron datos de la producción ajustados por los índices de calidad relativa para Inglaterra y Gales. Posteriormente Saal and Scott (2004) ; Saal et al. (2004) y Saal y Parker (2005) usaron variables ajustadas por diferentes variables proxy de calidad. Entre los resultados obtenidos se destaca el hecho de que si bien la productividad total de los factores no aumentó significativamente después de varios años de la privatización, sí aumentó la calidad en la prestación del servicio. Lin (2005) estima una función de costos Cobb-Douglas para una muestra de empresas de agua de Perú y encuentra que el índice de calidad[7] del servicio de agua potable afecta la estimación de los niveles de eficiencia.

Por su parte, Saal y Reid (2004) usan una función de costos variables translogarítmica, ajustada por la calidad del servicio. En general encontraron que la revisión de precios de 1994 en el Reino Unido llevó a mejorar la productividad de los costos de operación. Adicionalmente encuentran que la revisión de precios de 1999 no parece haber generado un mayor aumento de la productividad Entretanto Bottasso y Conti (2003) observan que la ineficiencia de los costos de operación había ido disminuyendo y además las

[6] Abbott, M. y Cohen, B (2009) presentan un resumen de una serie de estudios realizados en los últimos 20 años sobre eficiencia productiva en la industria de acueducto y alcantarillado.

[7] Construye un indicador de eficiencia a partir de la ponderación de 9 factores que considera reflejan la calidad del servicio de agua potable. Entre los factores se encuentra porcentaje de agua tratada, continuidad del servicio, cumplimiento de los requerimientos de cloro, entre otras.

diferencias en la eficiencia se fueron reduciendo en la industria de agua potable de Inglaterra y Gales entre 1995 y 2001. Finalmente, Mosheim (2006) estima un sistema de ecuaciones de costos sombra con datos de los Estados Unidos. Los resultados indican que el costo marginal de producir agua de buena calidad varía según el tamaño de la empresa, el nivel de calidad del agua producida y el tipo de organización.

De otra parte, Erbetta y Cave (2007) evalúan el impacto del ajuste en la regulación de precios máximos y de otros factores operativos en la eficiencia de las empresas de agua y alcantarillado en Inglaterra y Gales. Para tal fin emplean una mezcla entre análisis envolvente de datos y frontera estocástica. Resultados empíricos anteriores sugerían que el sistema de regulación introducido en 1989 era laxo. No obstante, en este trabajo constataron que la revisión de precios de 1989 generó un endurecimiento en la regulación, lo cual condujo a una reducción significativa de la ineficiencia técnica. El nuevo entorno económico establecido por la regulación de precios máximos generó un uso de los insumos más cerca de sus niveles de minimización de costos, tanto desde el punto de vista técnico como desde la asignación de recursos.

El papel de la política regulatoria ha sido examinado también por Aubert y Reynaud (2005) para el sistema de agua de Wisconsin. En este estado, el sistema de regulación es de especial interés, por cuanto se caracteriza por la existencia simultánea de los precios máximos y el esquema de tasa de retorno[8] en la misma región. Esta situación les permitió a los autores comparar el efecto de los dos regímenes normativos distintos. A partir de la metodología de análisis de frontera estocástica, encuentran que los servicios públicos más eficientes son los que operan bajo un régimen de tasa de retorno y con una recopilación de información detallada por parte del regulador. Entre tanto, la regulación mediante precios máximos ha demostrado ser un mecanismo de incentivo más potente que un esquema híbrido cuando la información disponible para el regulador es escasa.

En cuanto a los efectos de la privatización sobre la eficiencia de las empresas, los resultados suelen ser diferentes según los datos o el lugar considerado. En América Latina durante la década de 1990 se justificó la privatización de las empresas de

[8] La regulación por tasa de retorno establece un porcentaje o tasa máxima que puede obtener la empresa sobre un capital base. Entre tanto, el mecanismo de precios máximos fija un precio límite sobre el producto a las empresas reguladas.

servicios públicos con el objetivo de superar problemas de restricciones presupuestarias de los gobiernos, mejorar la calidad y aumentar la cobertura de servicios básicos como el agua potable y el saneamiento básico. No obstante, la privatización de los monopolios no garantiza el mejor desempeño económico de las empresas (Megginson y Netter, 2001). Elementos como la deficiente capacidad de regulación y la debilidad en funcionamiento de las instituciones pueden explicar, en parte, los escasos resultados en ganancias de eficiencia que enfrentan los países en desarrollo cuando privatiza los servicios públicos (Parker y Kirkpatrick, 2004).

La evidencia empírica muestra resultados mixtos cuando se analizan los efectos de la privatización del agua en las economías de bajos ingresos. Estache y Rossi (1999) realizan el primer estudio de este tipo. Los investigadores compararon las compañías de agua privada y pública en la región de Asia y el Pacífico. Utilizaron datos de 50 empresas de servicios públicos de la encuesta del Banco Asiático de Desarrollo realizada en 1995. Estimaron una frontera de costos estocástica, mediante la cual encuentran que los operadores privados eran más eficientes que los de propiedad estatal. No obstante, en un estudio de seguimiento, los mismos autores llegaron a la conclusión exactamente opuesta (Estache y Rossi, 2002). De nuevo estimaron una frontera estocástica de costos con datos de 29 países de Asia y el Pacifico. Tomaron una muestra de 50 empresas, de las cuales 22 tienen algún tipo de propiedad privada. En este caso emplearon métodos de componente de error y modelos de efectos de eficiencia técnica. En general concluyen que la eficiencia no fue significativamente diferente entre las empresas de agua con participación de capital privado y las empresas estatales.

Por su parte Clarke y Wallsten (2002) encontraron una mayor cobertura de los servicios de agua potable cuando la empresa operadora era de propiedad privada. Usando una muestra de empresas de agua potable de diferentes países de África en el año 1995 encontraron que, en promedio, la oferta de agua para los hogares de bajos ingresos, controlando por nivel educativo, era menor donde había un operador estatal del servicio de agua potable. Así mismo, encontraron que la participación privada en los sistemas de agua permitió una mayor cobertura a los hogares más pobres que cuando existe una dependencia de los proveedores de propiedad estatal. Sin embargo, también evidenciaron que no se logran superar problemas estructurales de calidad del servicio.

Así mismo, comprobaron que las tarifas por el uso del agua son más altas cuando el agua es suministrada por un operador público.

Wallsten et al. (2005) utilizan un conjunto de datos de panel de empresas de agua potable de los EE.UU. entre 1997-2003. El objetivo era estimar los efectos de la propiedad y la regulación por competencia sobre el cumplimiento de la regulación de la calidad del agua y sobre los gastos domésticos en agua. Entre los principales hallazgos se destacan que cuando se controla por la fuente de agua, efectos fijos de ubicación, ingresos del condado, urbanización, y el año, hay poca diferencia entre los sistemas público y privado. Así mismo encuentran que los sistemas públicos son más propensos a violar los niveles máximos de contaminantes permitidos en la Ley de Salud y Agua Potable, mientras que los sistemas privados son más propensos a violar las regulaciones de supervisión y presentación de informes. En cuanto a los gastos en agua de los hogares, estos disminuyen ligeramente a nivel del condado a medida que aumenta el porcentaje de participación de la propiedad privada. Estos resultados contradicen los temores de que la propiedad privada trae consigo precios más altos.

Finalmente, es importante resaltar el estudio de Bel y Warner (2006). A partir de un meta-análisis de estudios econométricos publicados desde 1965, analizaron los efectos de la privatización en los costos de las empresas de acueducto y alcantarillado. En concreto no observaron ahorros significativos de costos en el suministro de agua potable en empresas de naturaleza privada frente a las de propiedad pública. Adicionalmente, señalan que los estudios analizados usan enfoques que van desde la elección pública, los derechos de propiedad, los costos de transacción y las teorías de la organización industrial. Las principales conclusiones muestran que la teoría de la elección pública se centra demasiado en la competencia, la cual es típicamente ausente en esta industria. La teoría de los derechos de propiedad se preocupa principalmente de la calidad y el tipo de propiedad, pero ignora la competencia. La disminución en los costos de transacción que suelen justificar la privatización es mejor cuando los contratos son completos - una situación poco común en los mercados de servicios públicos. Por tanto, los autores resaltan que el enfoque de organización industrial más útil para explicar los resultados del tipo de propiedad sobre el funcionamiento de las empresas de agua, son los incentivos, la estructura del sector y el marco regulatorio.

Por otro lado, en su estudio de la distribución del agua en las ciudades de Estados Unidos, Troesken (2001) encuentra que las compañías de abastecimiento público prestaban un mejor servicio a la población negra que las compañías privadas. En particular, que la propiedad pública del sistema de abastecimiento redujo la tasa de enfermedades asociadas con el agua entre los afroamericanos pero tuvo un efecto más pequeño entre la población blanca durante el periodo 1889-1921. Estos resultados tienen grandes implicaciones en el debate sobre el papel del Estado en la garantía del derecho al agua sin distinción de la raza o condición social.

4. Metodología y descripción de los datos.

4.1 Especificación econométrica.

La teoría económica define la función de costos en términos de las siguientes variables:

$$C = f(Y, P_j, Z) \tag{1.1}$$

Donde Y indica el nivel de producto, P_j es el vector de precios de los insumos y Z es el conjunto de variables exógenas que explican las diferencias de costos entre empresas.

En el contexto de los costos de las empresas reguladas, el problema que enfrenta el regulador es asegurar que las firmas minimicen los costos para un nivel de producto dado. La solución a este problema de optimización permite obtener el conjunto óptimo de insumos, que dependen del nivel de producción y de los precios de estos.

En este ensayo se adopta el enfoque de frontera estocástica de costos[9] para analizar la evolución de la ineficiencia en el tiempo y entre las empresas. Esta metodología supone que las desviaciones de la frontera se deben tanto a la ineficiencia como a factores aleatorios. Usualmente se supone que la parte aleatoria de la perturbación se distribuye como una normal estándar y representa aquellos factores externos que afectan positiva o negativamente la función de costes y que no pueden ser controlados por el operador del

[9] Esta metodología fue propuesta originalmente por Aigner et al. (1977), Meeusen y Van den Broeck (1977). Entre tanto, Pitt y Lee (1981) y Schmidt y Sickles (1984) propusieron los modelos de frontera estocástica de costos usando datos de panel.

sistema de acueducto. No obstante, Kumbhakar et al. (1991), Huang y Liu (1994) y Battese y Coelli (1995) sugieren un enfoque en el cual la media de la distribución de la ineficiencia es parametrizada empleando variables consideradas determinantes de la potencial ineficiencia conjuntamente con los demás parámetros del modelo. Entretanto, Reifschneider y Stevenson (1991); Caudill y Ford (1993); Caudill et al. (1995) y Hadri (1999) proponen la parametrización de la varianza de la distribución de la ineficiencia con el fin de controlar los problemas de heteroscedasticidad.

En este caso se estima una frontera de costos translogarítmica (translog, en adelante) heteroscedástica. La especificación Translog es una forma funcional flexible. No tiene, a priori, ninguna restricción sobre la elasticidad de sustitución y permite que las economías de escala varíen con el nivel de producción. Dado que las empresas de agua potable operan en un entorno de tarifas reguladas; además deben producir la cantidad de agua demandada por los consumidores y se asume que son tomadoras de precios en el mercado de insumo, parece pertinente estimar una frontera de costos en lugar de una frontera de producción.

El modelo econométrico a estimar, representa la función de costos translogarítmica, mediante la ecuación (1.2)

$$
\begin{aligned}
\ln C_{it} = {} & \beta_0 + \sum_j \beta_j \ln P_{jit} + \beta_A \ln Ag + \beta_k \ln Stk + \beta_c \ln Cal + 1/2 \sum_{s=1} \sum_{l=1} \beta_{jl} \ln P_{sit} \ln P_{lit} + \\
& 1/2 \beta_{AA} \ln(Ag)^2 + 1/2 \beta_{kk} \ln(Stk)^2 + 1/2 \beta_C \ln(Cal)^2 + \sum_j \beta_{AP} \ln P_{jit} \ln Ag_{it} + \sum_j \beta_{Pk} \ln P_{jit} \ln Stk \\
& + \sum_j \beta_{pC} \ln P_{jitt} \ln Cal + \beta_{AK} \ln Ag \ln Stk + \beta_{AC} \ln Ag \ln Cal + \beta_{kC} \ln Stk \ln Cal + \varepsilon_{it}
\end{aligned}
$$

Donde $\ln C_{it}$ denota el logaritmo de los costos variables de la firma *i* en el tiempo *t*. P_{jit} representa el vector de precios. En este caso, sólo se cuenta con información del precio del trabajo y del índice de precios al consumidor que se utiliza como el precio de otros insumos y materiales. El precio del trabajo se obtiene a partir del salario promedio anual reportado por cada empresa para los trabajadores de la categoría operarios y técnicos que trabajan tiempo completo. *Ag* es la cantidad de agua producida en promedio al año. *Cal* hace referencia a la calidad del agua de la fuente de abastecimiento.

La letra Z, por su parte, representa el vector de variables potencialmente determinantes de la ineficiencia como son la pérdida de agua, las variables *Dummy* que reflejan si empresa atiende un sólo municipio o varios, el tipo de propiedad, la región y el tamaño de la empresa. Adicionalmente se tienen en cuenta el número de suscriptores, la densidad, y el índice de calidad de la fuente de agua[10]. Este índice se estima usando diferentes parámetros y muestras tomadas de las fuentes de agua de donde se abastecen las empresas prestadoras. Estas variables representan las diferencias en el ambiente productivo y los factores exógenos que afectan el funcionamiento de las empresas en la industria de agua potable conforme se sugiere en la literatura. (Bhattacharyya et al., 1995; García et al., 2001; Stewart, 1993).

De otra parte, se considera relevante tener una medida del capital, en especial en una industria que usa este factor de forma intensiva. Dada la ausencia de información sobre el precio del capital, se opta por emplear una variable *proxy* del stock de capital que tiene la empresa i durante el periodo de estudio. El cálculo de esta variable se llevo a cabo usando el método de inventario perpetuo (Harberger, 1968 y 1978). De ésta forma se obtiene una serie de stock de capital de acuerdo con la siguiente ecuación:

$$K_{it} = (1 - d)\, K_{it-1} + I_{it}. \qquad (1.3)$$

Donde I_{it} representa la inversión bruta de la empresa i en el año t y d es la tasa de depreciación de los bienes de capital usados en la industria de agua potable. Esta variable se representa mediante la expresión *Stk* en la ecuación 1.2.

Por su parte, el término de error ε_i puede descomponerse en dos partes:

$$\varepsilon_i = v_i + \mu_i \qquad (1.4)$$

El componente v_i es el ruido o efecto aleatorio y se asume que es independiente e idénticamente distribuido conforme a la distribución normal $N(0,\ \sigma_v^2)$.

[10] Los parámetros que componen el índice son turbiedad, color, olor y algunos parámetros químicos como cantidad de magnesio, cloro, mercurio, entre otros. Un puntaje máximo de 100 indica que el agua es óptima para el consumo. Por el contrario si el índice es cercano a cero, el agua no es apta para el consumo humano sin tratamiento previo.

La parte del error denominada μ_i representa la ineficiencia de costos y se supone que se distribuye independiente de v_i y de las variables explicativas. Éste término puede modelarse usando alguna de las distribuciones sugeridas en la literatura. Aigner *et al.* (1977) proponen la función de distribución semi-normal. Stevenson (1980) la normal-truncada. Green (1990) sugiere usar la distribución Gamma y Meeusen et al. (1977) la exponencial. En este caso se seleccionó la distribución exponencial para estimar la frontera de costos heteroscedástica ya que este tipo de distribución permite tener niveles de significancia en los diferentes parámetros estimados.

El componente del error μ_i no puede observarse directamente, pero de acuerdo con Jondrow et al. (1982) es posible obtenerlo de la distribución condicional $E(\mu_i \mid \varepsilon_i)$. La estimación de los diferentes parámetros se realiza aplicado el método de máxima verosimilitud.

De otra parte, se considera la cuestión de la heteroscedasticidad. Siguiendo el enfoque propuesto por Bottasso et al. (2003), Caudill et al. (1993), Reifshneider et al. (1991) y Wang (2002) se modelan las varianzas de los dos componentes del error (v_{it}, u_{it}) en función de variables como los kms de red y el número de suscriptores. El objetivo es controlar por posibles problemas de heteroscedasticidad derivados de la gran diferencia en el tamaño de las empresas de la muestra. La presencia de heteroscedasticidad en el error compuesto, puede llevar a estimaciones sesgadas de los parámetros de la función de costos. Por tanto, se propone la siguiente modelación:

$$v_{it} \sim N(0, \sigma_{vit}^2); \; \sigma_{vit}^2 = \exp\,(\eta_0 + \eta_{lnKmsRed}) \qquad (1.5)$$

$$u_{it} \sim N^+(0, \sigma_{uit}^2); \; \sigma_{uit}^2 = \exp\,(\delta_0 + \delta_{lnSuscrip}) \qquad (1.6)$$

De acuerdo con la teoría económica para garantizar la correspondencia con la tecnología de producción, la función de costos debe cumplir ciertas condiciones de regularidad. En primer lugar ésta función debe ser creciente en los precios de los insumos y en el nivel de producción; ser linealmente homogénea en los precios de los factores y además ser cóncava y simétrica. La homogeneidad se impone mediante la normalización de la variable de costos y el vector de precios, usando unos de los precios de los insumos. En este caso se empleó el precio de los insumos y materiales para normalizar la variable dependiente y el precio del trabajo. La simetría de la función de costos se impone antes de la estimación empleando las restricciones $\beta_{jr} = \beta_{rj}$ y $\beta_{sr} = \beta_{rs}$. Entre tanto, la concavidad se verifica a partir de la matriz Hessiana la cual debe ser semi-definida negativa. Por último, la monotonicidad en los precios de los factores requiere que la función de costos aumente cuando los precios suben y también es necesario que los costos marginales ante un mayor nivel de producto sean positivos.

Finalmente en este ensayo se realiza un estudio de las 5 empresas con los niveles más altos y los más bajos de eficiencia de costos. La idea es observar diferentes características de las empresas y factores que pueden explicar los niveles de eficiencia. En este caso se tiene información del costo promedio por metro cubico de agua, la densidad poblacional por kilometro de red, el porcentaje de agua perdida, la calidad de la fuente de agua fuente de captación y el tipo de propiedad. De igual forma se hace un estudio de caso de la empresa de acueducto y alcantarillado de la ciudad de Cúcuta. Esta empresa fue de propiedad pública hasta el año 2008 y luego se entrego en concesión a un operador privado. El objetivo es determinar si el cambio en el tipo de propiedad tiene algún efecto sobre los niveles de eficiencia de costos, el costo promedio por metro cúbico de agua, el número de suscriptores, entre otras variables.

4.2. Descripción de los datos.

En este ensayo se emplea una muestra de 70 empresas que prestan el servicio de agua potable al 75% de la población de Colombia, aproximadamente. Ésta base de datos se construyó usando la información disponible en el Sistema Único de Información (SIU) de la Superintendencia de Servicios Públicos Domiciliarios (SSPD). Debido a la disponibilidad de información y con la idea de contar con un panel de datos balanceado, se usa la información del periodo 2004-2013. La base de datos cuenta con 22 empresas que prestan el servicio de agua en las ciudades capitales de 22 departamentos de los 32 que existen en el país. En estas ciudades vive la mayor proporción de la población, con lo cual se tiene una representatividad significativa de la industria.

Las principales características de la muestra de empresas que componen la base de datos se presentan en el cuadro 1. En concreto se observa que una proporción importante de las empresas son de naturaleza pública. Además la mayoría de las firmas atienden un sólo municipio. No obstante, 18 empresas atienden un total de 140 municipios. De otro lado, en este ensayo consideramos que las empresas que tienen menos de 25.000 usuarios son pequeñas y las demás son consideradas grandes. Adicionalmente se puede ver que la mayoría de las empresas de la muestra pertenecen a la región Andina. Este hecho refleja la distribución de los habitantes. En Colombia la población se concentra en el centro y el norte del país principalmente.

De otro lado, al observar las estadísticas descriptivas del cuadro 1, se nota que tanto los costos variables como el volumen de agua producida y el número de suscriptores presentan una tendencia creciente en el periodo 2004-2013. Ello podría indicar que los mayores costos variables se deben al aumento de la cobertura. La demanda de agua, en algunos casos implica el uso de una fuente de agua más lejana o con grandes costos de tratamiento, por los problemas de contaminación que afectan la calidad del agua en algunas regiones de Colombia. Igualmente se debe resaltar la gran diferencia en el tamaño de las empresas. En casi todas las variables, la desviación estándar es significativamente alta, mostrando la heterogeneidad de las firmas de la muestra.

Los kilómetros de red y el salario aumentan relativamente poco. El stock de capital, por su parte, muestra una tendencia decreciente hasta el año 2008 y luego tiende a permanecer estable alrededor de los 42.000 millones de pesos colombianos. Adicionalmente, es importante notar que el índice de calidad del agua de las fuentes de abastecimiento de los sistemas de acueducto tiende a disminuir a lo largo del tiempo, indicando el deterioro de la calidad de las distintas fuentes de donde se abastecen las empresas. Así mimo, se puede señalar que el porcentaje de agua perdida se mantiene en niveles bastante elevados, en comparación con el límite del 30% recomendable en la regulación vigente. La forma de medir la cantidad de agua perdida es restando a la cantidad de agua producida la cantidad de agua facturada. Esta variable representa tanto la pérdida de agua por deterioro de las redes de acueducto, como por la cantidad consumida y no pagada por los usuarios que usan conexiones fraudulentas.

Cuadro 1. Estadísticas descriptivas.

Año	Costo	Agua	Pw	Stock	Kmred	Suscrip	IndCal	PerdAgu
2004	7.420	31.7	1.3	51.800	448	63.705	78.01	0.46
	(20.200)	(70.8)	(0.69)	(230.000)	(1.033)	(136.846)	(10.50)	(0.19)
2005	7.670	32.1	1.4	50.500	462	66.115	77.57	0.45
	(20.200)	(71.3)	(0.64)	(217.000)	(1.048)	(139.777)	(9.34)	(0.18)
2006	7.990	31.7	1.4	47.600	467	68.521	75.58	0.46
	(19.700)	(70.2)	(0.64)	(209.000)	(1.046)	(145.216)	(9.67)	(0.17)
2007	8.430	32.3	1.4	46.700	482	71.257	73.16	0.45
	(20.400)	(72.2)	(0.62)	(201.000)	(1.054)	(151.802)	(9.56)	(0.16)
2008	8.470	32.6	1.5	42.290	492	73.119	72.62	0.46
	(19.400)	(73.2)	(0.62)	(185.000)	(1.062)	(156.668)	(9.38)	(0.16)
2009	8.760	34.0	1.5	42.200	501	75.408	73.32	0.48
	(19.900)	(76.2)	(0.64)	(181.000)	(1.084)	(161.652)	(9.43)	(0.16)
2010	8.910	33.2	1.5	42.500	510	77.557	71.70	0.48
	(20.500)	(74.9)	(0.65)	(178.000)	(1.119)	(165.433)	(9.66)	(0.17)
2011	9.270	33.7	1.5	42.400	508	79.670	70.94	0.48
	(21.800)	(7.45)	(0.63)	(176.000)	(1.069)	(168.594)	(10.09)	(0.18)
2012	9.150	34.1	1.5	41.800	517	8 2.270	70.33	0.48
	(21.100)	(7.65)	(0.61)	(168.000)	(1.084)	(174.324)	(10.67)	(0.19)
2013	9.460	34.5	1.6	42.600	528	84.738	69.91	0.47
	(22.400)	(7.74)	(0.62)	(164.000)	(1.087)	(179.705)	(11.13)	(0.20)

Variables *Dummy*	Número	%
Dummy_ Privada	23	0.33
Dummy_ Mixta	9	0.13
Dummy_Pública	38	0.54
Dummy_Multimunicipios	18	0.26
Dummy_Unimunicipio	52	0.74
Dummy_Grande	38	0.54
Dummy_Pequeña	32	0.46
Dummy_Región Andina	38	0.54
Dummy_Región Caribe	11	0.16
Dummy_Región Pacifica	13	0.19
Dummy_Región Oriental	8	0.11

Fuente: Cálculos propios usando datos del SUI (Sistema Único de Información) del la SSPD.

* Pw, Stock, Kmred, Suscrip, IndCal, PerdAgu son respectivamente: precio del trabajo, stock de capital, kilómetros de red de acueducto, número de suscriptores, índice de calidad del agua de la fuente de abastecimiento de cada empresa, porcentaje pérdidas de agua.

** Desviación estándar entre paréntesis.

***Las variables Costo, Pw y Stock están en millones de pesos colombianos a precios constantes del año 2004. La variable agua se mide en millones de m^3 producida al año. PerdAgu está en porcentaje.

5. Análisis de resultados.

5.1. Frontera estocástica de costos.

En esta sección se presentan los principales resultados de la estimación de la frontera estocástica de costos y el comportamiento de la ineficiencia estimada. En primer lugar se analizan los resultados del Cuadro 2. En general, se observan que los parámetros estimados para el nivel de producto y el precio del trabajo son positivos y significativos. Este resultado muestra que la función de costos crece monótonamente con los precios y la producción, acorde con una de las condiciones teóricas que debe cumplir dicha función. En el mismo sentido, una función de costos bien definida debería ser no creciente con respecto al stock de capital. El parámetro estimado para el caso del stock de capital es negativo y estadísticamente significativo, indicando que un incremento marginal del stock de capital no incrementa los costos variables, lo cual es acorde con lo esperado desde el punto de vista teórico.

El índice de calidad del agua es negativo y significativo. La relación inversa entre el índice de calidad del agua y los costos es acorde con lo esperado. Una menor calidad del agua implica mayores costos de tratamiento para las empresas que ofrecen el servicio de agua potable. Colombia experimenta una creciente contaminación de los recursos hídricos en algunas regiones dedicadas a actividades mineras, especialmente. Este fenómeno puede ser un factor determinante en el aumento de los costos de prestación del servicio de agua potable.

De otro lado, en el Cuadro 2, se pueden ver los coeficientes estimados de la parametrización respectiva de la varianza de la variable aleatoria y de la ineficiencia. Las dos variables resultaron estadísticamente significativas, indicando la existencia de heteroscedasticidad en el error de la función de costos estimada. En cada caso, al controlar por una variable *proxy* del tamaño de las empresas se encuentra que esta explica parte de la variabilidad del término de error aleatorio y de la ineficiencia.

Cuadro 2. Parámetros estimados de la frontera estocástica de costos.

Parámetro	*Variables*	*Coef.*	z	*P>/z/*
β_0	Constante	-16.04	-0.69	0.489
β_w	Salario	6.276	2.16	0.030
β_A	Agua Producida	2.046	2.11	0.035
β_k	Stock de Capital	-1.604	-4.47	0.000
β_{Ic}	Índice de Calidad	-1.655	-2.23	0.025
β_{ww}	Salario*Salario	-0.425	-1.58	0.114
β_{AA}	Agua*Agua	-0.067	-2.08	0.038
β_{kk}	Stock*Stock	-0.023	-2.58	0.010
β_{IcIc}	IndCalid*IndCalid	1.917	1.34	0.180
β_{wA}	Salario*AguaProdu	0.074	0.97	0.334
β_{wk}	Salario*StockCapital	-0.001	-1.53	0.126
β_{wIc}	Salario*IndCalidad	-0.723	-1.66	0.097
β_{Ak}	Agua*Stock Capital	0.048	3.47	0.001
β_{AIc}	Agua*IndCalidad	-0.440	-2.74	0.006
β_{kIc}	StockCapital*IndCalid	0.320	4.51	0.000
lnsig2v				
η_{kr}	lnKms Red	-0.195	-3.10	0.002
η_0	contante	-0.499	-1.47	0.141
lnsig2u				
δ_{Susc}	lnSuscriptores	0.683	2.33	0.020
δ_0	constante	-12.40	-3.16	0.002
Log likelihood	-463.62915			
Number of obs	700			
Wald chi2(14)	3131.84			
Prob > chi2	0.0000			

Fuente: Cálculos propios usando datos del SUI.

De otro lado, se presentan los resultados de algunas pruebas de robustez del modelo estimado. Los Cuadros 3 y 4 muestran los resultados de diferentes pruebas de hipótesis que buscan contrastar la consistencia del modelo estimado. En primer lugar (Cuadro 3) se realiza la prueba de hipótesis para contrastar si la función translogarítmica representa de forma apropiada para la estructura de costos de la muestra de empresas disponible en este trabajo, frente a la forma funcional Cobb Douglas y la función Homotética[11]. Con base en la prueba de razón de verosimilitud o LR (Ratio Likelihood) se rechaza la hipótesis nula al nivel de significancia del 5% a favor de la forma funcional Translog. Así mismo, para contrastar si existen problemas de heteroscedasticidad, se emplea el LR, el cual es mayor que el estadístico de prueba $\chi^2_{(1-2\alpha,q)}$, por tanto, se rechaza la hipótesis nula de homocedasticidad tanto en la componente aleatoria como en la ineficiencia. Se confirma que la parametrización propuesta permite controlar por posibles problemas de heteroscedasticidad.

5.2. Características de las empresas y comportamiento de la eficiencia de costos.

Una vez estimados los niveles de ineficiencia mediante la función de costos translogarítmica heteroscedástica, se hace un análisis comparativo del comportamiento de la ineficiencia de acuerdo con las características de las empresas y a través del tiempo. En el Cuadro 5 se puede ver que las empresas de agua potable que componen la muestra en estudio no presentan cambios significativos en el nivel de ineficiencia a lo largo del período de tiempo considerado. La ineficiencia de costos es de 8.2 en promedio. No parece existir por tanto, una diferencia importante entre los años 2004-2005 y el resto. La aplicación del nuevo marco regulatorio para las tarifas de agua y de la contabilidad de costos que comenzó a aplicarse a partir del año 2006 no parece tener ningún efecto sobre la ineficiencia de costos. En general, se observa una variación de la ineficiencia que no sigue una tendencia clara en los diez años considerados.

Adicionalmente, en el Cuadro 6, se realiza la comparación de los niveles de ineficiencia promedio por tipo de propiedad de la empresa y por año. En concreto se nota que las empresas que tienen los niveles de ineficiencia más altos son las de propiedad mixta, seguidas por la de propiedad privada y finalmente las más eficientes son las empresas de propiedad pública. Además, la desviación estándar muestra que las empresas de naturaleza privada presentan diferencias de ineficiencia menores entre ellas, frente a las empresas mixtas y públicas. Si bien estos resultados se deben tomar con reserva, es

[11] Para contrastar las formas funcionales se estiman modelos con las restricciones $\beta_{SY} = \beta_{SK} = \beta_{kId} = 0$ en el caso de la función homotética y $\beta_{SS} = \beta_{AA} = \beta_{kk} = \beta_{II} = \beta_{SA} = \beta_{SK} = \beta_{SI} = \beta_{Ak} = \beta_{AI} = \beta_{KI} = 0$, el caso de la función Cobb Douglas.

importante destacar que en esta muestra de proveedores de agua potable, la evidencia sugiere que las empresas públicas serían más eficientes en costos que las empresas con participación de capital privado. Este resultado podría explicarse, en parte, por el hecho de que, en algunos casos, las empresas privadas operan en lugares con condiciones ambientales e institucionales menos favorables en comparación con las empresas públicas. La participación de capital privado en las empresas de agua potable, en diferentes casos, se ha hecho con la idea de mejorar la prestación del servicio. La tesis que sustenta esta idea es que los gestores privados son más eficientes, menos corruptos y responden mejor a los incentivos del sistema regulatorio. No obstante, existen factores estructurales como la creciente contaminación de los recursos hídricos, la mayor demanda de agua por el aumento de la población, especialmente urbana y el aumento en los niveles de ingreso, que generan una fuerte presión sobre el agua disponible que no se resuelven con la privatización de las empresas que ofrecen agua potable.

De otro lado, se realizó el cálculo de la ineficiencia promedio anual, según el número de municipios que atienden las diferentes empresas de la muestra. En concreto se cumple que las empresas que sólo atienden un municipio presentan una menor ineficiencia que aquellas que proveen agua en varios municipios. Igualmente, la desviación estándar es menor en empresas que atienden sólo un municipio. Lo anterior podría deberse a que las empresas que tiene presencia regional se enfrentan a diferentes ambientes y restricciones técnicas y operativas, que no tienen que enfrentar las empresas que ofrecen el agua en un sólo municipio.

Los operadores que proveen agua en más de un municipio tienen el mayor tamaño de la muestra, con un promedio cercano a los 50.000 suscriptores. En este caso se puede inferir que las empresas de mayor tamaño no son necesariamente las más eficientes en costos. Trabajos como el de Revollo y Londoño (2010) identifican la existencia de economías de escala para los servicios de acueducto y alcantarillado en Colombia y en consecuencia sugieren incentivar las fusiones de empresas para aprovechar las economías de escala. No obstante, es importante tener en cuenta la heterogeneidad de las regiones, los municipios y la calidad de los recursos hídricos como determinantes del funcionamiento de la industria de agua potable. Los resultados obtenidos en este trabajo, en relación con el tamaño de las empresas, son similares a los obtenidos por Antonioli y Filippini (2001) quienes en un estudio realizado para Italia, encuentran que no hay evidencia de que las grandes áreas de servicio generen economías de escala en la distribución del agua. Esto significa que una fusión entre dos empresas con áreas de servicio adyacentes no disminuye sustancialmente el coste medio.

Finalmente, en el Cuadro 8, se muestra la distribución de los niveles de ineficiencia entre las cuatro regiones en que se dividió la muestra. En resumen la región con la menor ineficiencia es la Oriental mientras que la de mayor ineficiencia es la del Pacífico. Las características geográficas que determinan a su vez la disponibilidad y la calidad del agua pueden explicar parte de este comportamiento diferencial. Igualmente, la capacidad del regulador para supervisar el funcionamiento de las empresas de agua es limitada en algunas zonas del país donde la presencia y control del Estado es históricamente menor. De acuerdo con la desviación estándar, no existe una diferencia significativa entre las empresas que operan en cada región.

5.3. Estudio comparativo de la eficiencia de un grupo de empresas.

En esta sección se hace una descripción de las principales características que tienen las 5 empresas más eficientes y las 5 menos eficientes en costos de la muestra. La idea es analizar los posibles factores que explican las diferencias en los niveles de eficiencia. Adicionalmente se estudia el caso de la empresa de acueducto de la ciudad de Cúcuta, dado que en el periodo de tiempo considerado en este caso, pasó de ser una empresa pública a ser manejada por el sector privado. La idea es ver si se presentan cambios en los niveles de eficiencia y en algunos indicadores de funcionamiento.

En el cuadro 9, se presentan diferentes indicadores del desempeño de las empresas empezando por las 5 que son más eficientes. Las diferencias entre el grupo con mejores niveles de eficiencia y las que son mas ineficientes son significativas. Así, mientras que la E.S.P del Líbano tiene un nivel de costos de 3.7% por encima del nivel de eficiencia, en la E.A.A de Bogotá es del 23.11%. De igual forma, cuando se observan las diferencias en el costo por m^3 de agua, se encuentra que las empresas más ineficientes tienen los mayores costos. Una de las consecuencias de ésta situación se refleja en las tarifas de agua que al final pagan los usuarios del servicio. El sistema de tarifas del agua en Colombia está compuesto de dos partes. Por un lado se considera el costo medio de administración, el cual constituye el componente fijo de la tarifa y es independiente de la cantidad de agua producida. Por otro lado se tiene el costo medio de operación y mantenimiento del cual está en función de la cantidad de agua producida.

Cuando se observan otros indicadores de desempeño, no se encuentra una clara diferencia entre los dos grupos de empresas. El grupo de las empresas catalogadas como menos eficientes, tienen porcentajes de agua perdida menor o similar al que presentan las primeras 5 empresas. Igualmente la densidad de usuarios por kilometro de red es similar o mayor en las empresas con mayores niveles de ineficiencia. En cuanto al índice de calidad de la fuente de agua para abastecimiento del acueducto, es peor en el caso de la E.S.P Aguas de Cartagena lo cual podría justificar los mayores costos en relación con las otras empresas. En general, las características comunes que tienen las empresas del grupo menos eficiente es que han experimentado un crecimiento significativo de la población urbana de las ciudades donde operan, tienen más de cien mil suscriptores y abastecen de agua a las principales ciudades del país donde a la vez se cobran las tarifas más altas por el agua potable[12]. Entretanto, las empresas más eficientes atienden menos de 10.000 suscriptores y operan en pequeños pueblos.

Finalmente se analiza el caso de la empresa que presta el servicio de agua potable en la ciudad de Cúcuta, capital del departamento de Norte de Santander. La gestión de la E.S.P de Cúcuta se privatizo en el año 2007 y pasó a llamarse Aguas Kapital de Cúcuta. En el Cuadro 10 se encuentran los principales indicadores de desempeño a lo largo del periodo 2004-2013. En el caso de la ineficiencia de costos es claro que mantiene una tendencia creciente en los diez años de estudio. En este sentido se concluye que no mejora la eficiencia de costos al tener una gestión privada. Así mismo, los costos operativos por m^3 de agua son crecientes. No obstante, otros indicadores de desempeño como el porcentaje de agua perdida, la cantidad de suscriptores y los kilómetros de red de acueducto son mejores. El índice de calidad del agua no tiene una tendencia clara.

[12] De acuerdo con la información del SUI, la tarifa promedio del agua para el sector residencial en el año 2014 fue de 2.476 pesos colombianos por m^3 de agua en el caso de la E.A.A de Bogotá; de 1.420 en el caso de la E. P de Medellín; 1.206 en las E.M de Cali; 1.430 en la E.S.P Aguas de Manizales y 1.655 en las E.S.P Aguas de Cartagena. Las tarifas por m^3 de las empresas más eficientes oscilan entre los 540 y 630 pesos.

Uno de los argumentos en contra de la privatización de los servicios públicos tiene que ver con el incremento de las tarifas que pueden experimentar los usuarios. En el caso de la empresa de agua potable y alcantarillado de Cúcuta desafortunadamente no se tiene información disponible para el periodo antes de la privatización por lo cual no se puede comparar el comportamiento de esta variable. No obstante, lo que se observa en el Cuadro 10, es que aumenta la cantidad de usuarios año tras año y se extiende la red de acueducto. En concreto, la privatización del servicio de agua potable puede implicar un costo mayor en el pago del servicio de acueducto pero a la vez puede ser una herramienta para aumentar la cobertura y calidad del servicio. Sin embargo, los resultados al final van a depender de la capacidad de regulación y control que tiene el agente regulador.

6. Conclusiones y recomendaciones.

En este ensayo se estima una frontera estocástica de costo heteroscedástica translogarítmica. El objetivo es analizar el comportamiento de la ineficiencia de costos en una muestra de empresas de la industria de agua potable en Colombia. Los principales resultados muestran que los factores ambientales o variables técnicas pueden explicar parte de la ineficiencia de costos. Adicionalmente, la inclusión de la variable que permite controlar por la calidad de la fuente de agua, incide sobre la función de costos, conforme a lo esperado desde el punto de vista teórico. Sin embargo, sería interesante revisar en futuros trabajos la relación entre la calidad del servicio del agua que reciben los hogares y la eficiencia de costos de las empresas

Los cambios regulatorios introducidos desde 1994 buscaban, entre otras cosas, incentivar la participación de operadores privados en la industria de agua potable. La idea subyacente es que los operadores privados son más eficientes en costos que las empresas de naturaleza pública. En este ensayo no se encuentra evidencia estadística significativa de la mayor eficiencia de las empresas con participación de capital privado, frente a las públicas. Al calcular la ineficiencia de costos promedio por año para los tres tipos de propiedad, se observa que las empresas públicas, de la muestra, presentan niveles promedio de ineficiencia de costos menores que las empresas privadas o mixtas.

Así mismo, la hipótesis de que las empresas pueden generar ahorro de costos y ser más eficiente cuando prestan los servicios de acueducto en varios municipios, no es soportada por la evidencia estadística obtenida en este ensayo.

La significancia estadística de las variables de control incluidas en la varianza respectiva de las dos variables componentes del error $(v_{it} + u_{it})$, indican que la heteroscedasticidad debe ser tenida en cuenta a la hora de realizar inferencia sobre los niveles de ineficiencia de costos. No obstante, en investigaciones futuras sería interesante probar diferentes formas funcionales y especificaciones para modelar el comportamiento del término relacionado con la ineficiencia.

La novedad de este trabajo radica en la estimación de una frontera translogarítmica de costos que además de tener en cuenta la calidad del agua, constituye una primera aproximación al control de los problemas de heteroscedasticidad en la estimación de la ineficiencia de costos, para una muestra de empresas de agua potable en Colombia. Sin embargo, los resultados deben interpretarse con cautela debido a la carencia de información relevante sobre precios del capital y de otros insumos que hacen parte de la función de costos. En la agenda de investigación se proyecta la estimación de la eficiencia asignativa y del cambio en la productividad total de los factores. De esta manera se puede complementar el estudio de funcionamiento de las empresas proveedoras del servicio de agua potable.

De otro lado es importante resaltar que el esquema de regulación por incentivos permite introducir una especie de competencia artificial. Además de tratar de superar los problemas de asimetrías de información sobre los costos de prestación del servicio, permite conocer las principales fuentes de ineficiencia que pueden existir en distintas empresas en relación con las de mejor desempeño dentro del sector. No obstante, en el caso de Colombia, se debe señalar que existen deficiencias importantes en el suministro de información por parte de las empresas de acueducto

La debilidad institucional del ente regulador frente a los agentes regulados hace que éstos últimos, en muchos casos, evadan la responsabilidad de cumplir con la regulación vigente de suministrar la información contable anual, precisa y oportunamente. La irregularidad y la falta de precisión de los datos, es uno de los problemas que ha dificultado la realización de este trabajo. Tanto el periodo de tiempo seleccionado como el tamaño de la muestra están condicionados por la información que las empresas suministran al Sistema Único de Información (SIU) de la Comisión de Regulación del Servicio de Acueducto y Alcantarillado.

La atomización de la industria hace que la regulación y vigilancia, por parte del Estado, sea compleja y costosa. La existencia de miles de pequeños prestadores del servicio de agua potable en la zona rural y en los pequeños municipios disminuye la capacidad de control por parte del ente regulador. En consecuencia, en estas zonas se presentan los indicadores más deficientes en la prestación de los servicios. En concreto tienen menores niveles de cobertura, menos horas de continuidad del servicio de acueducto, menor calidad y potabilidad del agua (Salinas, 2011). Adicionalmente la descentralización en la prestación de los servicios públicos como el acueducto y alcantarillado en Colombia, ha resultado en pérdida de economías de escala y ha derivado en la entrega de responsabilidades a entidades locales que no están técnicamente capacitadas. De igual forma las entidades locales encargadas de la administración de las cuencas están sujetas a presiones políticas, lo cual lleva a que el manejo del recurso no sea el mejor (Solanes y Getches, 1998). Los diferentes niveles de gobierno deben cumplir un papel complementario en la gestión del agua, reconociendo que este recurso natural, no reconoce límites administrativos e institucionales.

En Colombia la disponibilidad de agua se ve afectada principalmente por la creciente contaminación, los fenómenos climático extremos y la competencia entre los diferentes usuarios. Las restricciones en la oferta de agua y el aumento de la demanda en algunas regiones del país llevan a que las empresas que proveen el servicio de agua potable recurran a fuentes de abastecimiento cada vez más lejanas y con altos costos de potabilización. En este sentido, la gestión de las cuencas o fuentes de abastecimiento de agua deben tener en cuenta los costos económicos, ambientales y sociales del agotamiento de los recursos hídricos por sobreexplotación, contaminación o monopolización por parte de las empresas que suministran agua potable.

Bibliografía.

[1] Abbott, M., Cohen, B. (2009) "Productivity and efficiency in the water industry" *Utilities Policy*, 17, 233–244.

[2] Aigner, D., Lovell, C., Schmidt, P. (1977) "Formulation and Estimation of Stochastic Frontier Production Function Models", *Journal of Econometrics*, 6, 1, 21-37.

[3] Aubert, C., Reynaud, A. (2005) "The Impact of Regulation on Cost Efficiency: An Empirical Analysis of Wisconsin Water Utilities", *Journal of Productivity Analysis* 23, 283-409.

[4] Banco Mundial (2004) "Colombia: Desarrollo Económico Reciente en Infraestructura. Balanceando las necesidades sociales y productivas de infraestructura", Informes de base: Sector de agua potable.

[5] Barrera, O., Olivera, F., Ospino, C. (2009) "Does Society Win or Lose as a Result of Privatization? The Case of Water Sector Privatization in Colombia", *Económica* 76 (304), 649–74.

[6] Battese, G., Coelli, T. (1995) "A Model for Technical Inefficiency Effects in a Stochastic Frontier Production Function for Panel Data", *Empirical Economics*, vol.20, 325-332.

[7] Bhattacharyya, A., Harris, T., Narayanan, R., Raffiee, K. (1995) "Specification and estimation of the effect of ownership on the economic efficiency of the water utilities", *Regional Science and Urban Economics*, 25, 759-784.

[8] Bel, G., Warner, M. (2008) "Does privatization of solid waste and water services reduce costs? A review of empirical studies", *Resources, Conservation and Recycling* 52, 1337–1348.

[9] Bottasso, A., Conti, M. (2003) "Cost Inefficiency in the English and Welsh Water industry: An Heteroscedastic Stochastic Cost Frontier Approach Economics", Discussion papers 573, University of Essex, Department of Economics.

[10] Cadavid, N. (2007) "Agua para el consumo doméstico en Colombia: Costos y regulación tarifaria", *Gestión y Ambiente,* 11, 1.

[11] Caudill, S., Ford, J. (1993) "Biases in Frontier Estimation Due to Heteroscedasticity", *Economic Letters*, 41, 17-20.

[12] Caudill, S., Ford, J., Gropper D. (1995) "Frontier Estimation and Firm-Specific Inefficiency Measures in the Presence of Heteroscedasticity", *Journal of Business and Economic Statistics*, 13, 1, 105-119.

[13] Clarke, R., Wallsten, S. (2002) "Universally Bad Service: Providing Infrastructure Services to Rural and Poor Urban Consumers", *Policy Research Paper 2868*, Washington, DC, World Bank.

[14] Comisión de Regulación de Agua Potable y Saneamiento Básico (CRA, 2008) "Regulación de servicios públicos domiciliarios de acueducto, alcantarillado y aseo en Colombia", Bogotá, D.C.

[15] Comisión de Regulación de Agua Potable y Saneamiento Básico (CRA, 2012) "Regulación del agua potable y el saneamiento básico", *Revista de Agua Potable y Saneamiento Básico* N° 17.

[16] Comisión de Regulación de Agua Potable y Saneamiento Básico (CRA, 2014) "Marco Tarifario para los servicios públicos de Acueducto y Alcantarillado. Remuneración de los Gastos de Administración, Operación y Mantenimiento", Documento de trabajo proyecto general. Bogotá, Colombia.

[17] Estache, A., Rossi, M. (1999) "Comparing the Performance of Public and Private Water Companies in Asia and the Pacific Region: What a Stochastic Cost Frontier Shows", *Policy Research Working Paper*, Washington, DC; World Bank.

[18] Estache, A., Rossi, M. (2002) "How different is the efficiency of public and private water companies", *World Bank Economic Review*, vol.16, N° 1, 139-148.

[19] Estache, A., Perelman, S., Trujillo, L. (2006) "Infrastructure Reform in Developing Economies: Evidence from a survey of efficiency measures", *Institutional Repository 2013/44062*, Universite Libre de Bruxelles.

[20] Erbetta, F ., Cave, M. (2007) "Regulation and efficiency incentives: Evidence from the England and Wales water and sewerage industry", *Review of Network Economics*, Vol.6, 4, Article 1.

[21] Fabbri, P., Fraquelli., G. (2000) "Costs and Structure of Technology in the Italian Water Industry", *Empírica* 27, 65-82.

[22] Ferro, G., Romero, C. (2009) "Benchmarking de empresas de agua y saneamiento de Latinoamérica", ADERASA, Buenos Aires.

[23] Filippini, M., Hrovatin N and Zoric, J. (2008) "Cost Efficiency of Slovenian Water Distribution Utilities: An Application of Stochastic Frontier Methods", *Journal of Productivity Analysis* 29, 169-182.

[24] Foster, V. (2005) "Ten Years of Water Service Reform in Latin America: Toward an Anglo-French Model.

[25] Garcia, S., Thomas, A. (2001) "The Structure of Municipal Water Supply Costs: Application to a Panel of French Local Communities", *Journal of Productivity Analysis*, 16, Pp. 5-29.

[26] Garcia, S., Moreaux, M., Reynaud, A. (2007) "Measuring Economies of Vertical Integration in Network Industries: An Application to the Water Sector", *International Journal of Industrial Organization,* 25. Pp. 791-820.

[27] Greene, W. (2004b) "Distinguishing Between Heterogeneity and Inefficiency: Stochastic Frontier Analysis of the World Health Organization's Panel Data on National Health Care Systems", *Health Economics*, 13. Pp. 959–980.

[28] Greene, W. (2005) "Reconsidering Heterogeneity in Panel Data Estimators of the Stochastic Frontier Model", *Journal of Econometrics*, 126. Pp. 269–303.

[29] Guasch, J. (2004) "Granting and Renegotiating Infrastructure Concessions", World Bank Developing Studies.

[30] Hadri, K. (1999) "Estimation of a Doubly Heteroscedastic Stochastic Frontier Cost Function", *Journal of Business and Economic Statistics*, 17. Pp. 359- 63.

[31] Huang, J., Liu, J. (1994) "Estimation of a Non-neutral Stochastic Frontier Production Function", *Journal of Productivity Analysis*, 5. Pp. 171-180.

[32] Jondrow, J., Lovell, K., Materov, Z., Schmidt, P. (1982) "On the estimation of technical efficiency in the stochastic frontier production function model", Journal of Econometrics, 19.

[33] Jouravle, A. (2001) "Regulación de la industria de agua potable. Necesidades de información y regulación estructural", Volumen I, CEPAL.

[34] Kirkpatrick, C., Parker, D., Zhang., Y. (2006) "An Empirical Analysis of State and Private-Sector Provision of Water Services in Africa", *World Bank Economic Review,* 20. Pp. 143-163.

[35] Lin, Ch. (2005) "Service quality and prospects for benchmarking: Evidence for the Peru water sector", Utilities Policy 13. Pp. 230-239.

[36] Meusen, W., van den Broeck, J. (1977) "Efficiency Estimation from Cobb-Douglas Production Functions with Composed Error", *International Economic Review*, 18(2). Pp. 435-444.

[37] Megginson, W., Netter, J. (2001) "From State to Market: A Survey of Empirical Studies on Privatization", *Journal of Economic Literature*, vol.39. Pp.321-89.

[38] Mizutani,F., Urakami, T. (2001) "Identifying Network Density and Scale Economies for Japanese Water Supply Organizations", *Papers in Regional Science,* 80. Pp. 211-230.

[39] Mosheim, R. (2006) "A shadow cost function model of the US water industry incorporating water quality and ownership effects", in Coelli, T. and Lawrence, D. (eds.), *Performance Measurement and Regulation of Network Utilities*, Edward Elgar, Cheltenham. Pp. 243–267.

[40] Nauges, C., van den Berg, C. (2007) "How 'natural' are natural monopolies in the water supply and sewerage sector? Case studies from developing and transition economies", Policy, Research working paper; no. WPS 4137. Washington, DC: World Bank.

[41] Parker, D., Kirkpatrick, C. (2005) "Privatisation in Developing Countries: A Review of the Evidence and the Policy Lessons", *Journal of Development Studies. Vol 41, 4.*

[42] Pitt, M., Lee, L., (1981) "The Measurement and Sources of Technical Inefficiency in the Indonesian Weaving Industry", *Journal of Development Economics*, 9. Pp. 43-64.

[43] Revollo F., Londoño, G. (2010) "Análisis de economías de escala y alcance en los servicios de acueducto y alcantarillado en Colombia", *Desarrollo y Sociedad, Nº 66.*

[44] Reifschnaider, D., Stevenson, R. (1991) "Systematic Departures from the Frontier: A Framework for the Analysis of Firm Inefficiency", *International Economic Review*, 32, 3. Pp. 715-23.

[45] Saal, D., Parker, D. (2000) "The Impact of Privatisation and Regulation on the Water and Sewerage Industry in England and Wales: A Translog Cost Function Approach", *Managerial and Decision Economics* 21(6). Pp. 253-268.

[46] Saal, D., Parker, D. (2001) "Productivity and Price Performance in the Privatized Water and Sewerage Companies of England and Wales", *Journal of Regulatory Economics* 20(1): 6190.

[47] Saal, D; Scott, R. (2004) "Estimating Opex Productivity Growth in English and Welsh Water and Sewerage Companies", Aston Business School Working Paper RP0434.

[48] Saal, D., Parker, D., Weyman, J. (2004) "Determining the Contribution of Technical, Efficiency, and Scale Change to Productivity Growth in the Privatized English and Welsh Water and Sewerage Industry", Aston Business School, Working Paper RP0433.

[49] Saal, D., Parker, D. (2005) "Assessing the Performance of Water Operations in the English and Welsh Water Industry: A Panel Input Distance Function Approach", Aston Business School, Working Paper RP0502.

[50] Saal, D., Reid, S. (2004) "Estimating opex productivity growth in English and Welsh water and sewerage companies: 1993–2003", Aston Business School, Working Paper RP0434.

[51] Salinas, J. (2011) "Retos a futuro en el sector de acueducto y alcantarillado en Colombia", CEPAL, Santiago de Chile.

[52] Schmidt, P., Sickles, R. (1984) "Production Frontiers and Panel Data", *Journal of Business and Economic Statistics*, 2(4). Pp. 367-374.

[53] Solanes, M., Getches, D. (1998) "Prácticas recomendables para la elaboración de leyes y regulaciones relacionadas con el recurso hídrico", Banco Interamericano de Desarrollo (BID), Nº ENV-127, Washington, D.C.

[54] Stewart, M. (1993) "Modelling water costs 1992-1993. Further Research into the Impact of Operating Conditions on Company Cost*", Birmingham, Office of Water Services.*

[55] Superintendencia de Servicios Públicos (SSPD, 2010) "Estudio Sectorial de Acueducto y Alcantarillado 2006-2009", Bogotá, D.C. Colombia. Disponible en: http//www.superservicios.gov.co

[56] Thanassoulis, E. (2000a) "The use of data envelopment analysis in the regulation of the UK water utilities: water distribution", *European Journal of Operational Research* 126. Pp. 439-453.

[57] Torres, M., Morrison, P. (2006) "Driving Forces for Consolidation or Fragmentation of the US Water Utility Industry: A Cost Function Approach with Endogenous Output", *Journal of Urban Economics,* 59. Pp. 104-120.

[58] Wallsten, S., Kosec, K. (2005) "Public or Private Drinking Water? The Effects of Ownership and Benchmark Competition on U.S. Water System Regulatory Compliance and Household Water Expenditures", AEI-Brookings Joint Center, Working Paper 0505, 21.

[59] Wang, H. (2002) "Heteroscedasticity and Non-Monotonic Efficiency Effects of a Stochastic Frontier Model", *Journal of Productivity Analysis*, 18. Pp. 241-53.

Anexos.

Cuadro 3. ***Pruebas de hipótesis de la tecnología de costos.***

Prueba de Hipótesis	Estadístico-LR	Valor crítico	Decisión
H_0: Cobb-Douglas	49,04	18,31	Rechazar H_0
H_0: Función Homotética	13,76	7,81	Rechazar H_0

Nota: * El estadístico de prueba empleado es LR -2(L_R – L_U) ~χ^2_q

** Entre paréntesis el valor crítico $\chi^2_{1-2\alpha}$ al nivel de significancia del 5%

Cuadro 4. ***Prueba de hipótesis de homocedasticidad.***

Prueba de Hipótesis	Estadístico-LR	Valor crítico	Decisión
H_0: Homocedasticidad en v_{it}	10,68	(2,71)	Rechazar H_0
H_0: Homocedasticidad en u_{it}	35,38	(11,07)	Rechazar H_0

Nota: * El estadístico de prueba empleado es LR -2(L_R – L_U) ~χ^2_q

** Entre paréntesis el valor crítico $\chi^2_{1-2\alpha}$ al nivel de significancia del 5%.

Cuadro 5. ***Ineficiencia promedio por año.***

Año	Ineficiencia promedio	Desviación Estándar
2004	1.080	0.054
2005	1.081	0.048
2006	1.082	0.045
2007	1.084	0.047
2008	1.081	0.043
2009	1.082	0.042
2010	1.083	0.042
2011	1.083	0.043
2012	1.082	0.041
2013	1.084	0.044

Fuente: Elaboración Propia.

Cuadro 6. ***Ineficiencia promedio por tipo de propiedad y año.***

Año	Pública	Privada	Mixta
2004	1.077 (0.064)	1.078 (0.031)	1.104 (0.049)
2005	1.076 (0.057)	1.082 (0.027)	1.100 (0.042)
2006	1.074 (0.051)	1.087 (0.027)	1.101 (0.043)
2007	1.076 (0.052)	1.090 (0.031)	1.105 (0.044)
2008	1.074 (0.045)	1.084 (0.028)	1.110 (0.055)
2009	1.075 (0.046)	1.083 (0.027)	1.107 (0.051)
2010	1.075 (0.044)	1.085 (0.030)	1.108 (0.051)
2011	1.075 (0.043)	1.083 (0.030)	1.114 (0.060)
2012	1.074 (0.041)	1.085 (0.034)	1.108 (0.049)
2013	1.076 (0.041)	1.083 (0.035)	1.120 (0.060)

Fuente: Elaboración Propia. Desviación Estándar entre paréntesis.

Cuadro 7. Ineficiencia promedio anual según número de municipios atendidos.

Año	Multimunicipio	Unimunicipio
2004	1.123 (0.086)	1.066 (0.026)
2005	1.123 (0.069)	1.066 (0.026)
2006	1.123 (0.059)	1.067 (0.028)
2007	1.122 (0.060)	1.071 (0.033)
2008	1.123 (0.051)	1.070 (0.033)
2009	1.112 (0.053)	1.071 (0.032)
2010	1.113 (0.050)	1.072 (0.033)
2011	1.111 (0.047)	1.073 (0.036)
2012	1.109 (0.050)	1.073 (0.034)
2013	1.113 (0.053)	1.074 (0.036)

Fuente: Elaboración propia. Desviación Estándar entre paréntesis.

Cuadro 8. ***Ineficiencia promedio por región y año.***

Año	Andina	Caribe	Pacifico	Oriental
2004	1.084 (0.066)	1.080 (0.047)	1.086 (0.033)	1.058 (0.024)
2005	1.081 (0.056)	1.085 (0.043)	1.089 (0.036)	1.059 (0.025)
2006	1.080 (0.049)	1.088 (0.044)	1.092 (0.038)	1.061 (0.027)
2007	1.083 (0.051)	1.082 (0.034)	1.097 (0.044)	1.072 (0.049)
2008	1.080 (0.047)	1.080 (0.033)	1.094 (0.042)	1.067 (0.037)
2009	1.080 (0.045)	1.081 (0.027)	1.096 (0.045)	1.066 (0.030)
2010	1.082 (0.045)	1.080 (0.037)	1.095 (0.042)	1.069 (0.036)
2011	1.083 (0.048)	1.079 (0.039)	1.091 (0.037)	1.071 (0.039)
2012	1.080 (0.040)	1.083 (0.046)	1.091 (0.039)	1.076 (0.045)
2013	1.083 (0.045)	1.086 (0.050)	1.090 (0.040)	1.077 (0.045)

Fuente: Elaboración Propia. Desviación Estándar entre paréntesis.

Cuadro 9. Comparación entre las empresas más y menos ineficientes en costos.

Empresa	Ineficiencia (μ_{it})	Costo/Agua (m^3)	Suscri/ kms red	Perdida Agua	Calidad Fuente Agua	Tipo Propiedad
E.S.P del Líbano	1.0366	52.81	137.83	0.7144	76.19	Pública
E.S.P de Villeta	1.0376	243.51	118.20	0.4115	75.81	Pública
E.S.P de Tame Caribabare	1.0386	189.68	105.32	0.3917	65.88	Pública
E.S.P de Aguazul	1.0394	248.97	47.70	0.4448	85.40	Pública
E.P de Garzón	1.0428	160.85	132.31	0.5723	81.24	Pública
E.A.A de Bogotá	1.2311	279.39	107.61	0.4111	76.29	Pública
E.P de Medellín	1.2276	296.52	273.55	0.3942	74.60	Pública
E.M de Cali	1.1884	271.35	195.66	0.4463	70.71	Pública
E.S.P Aguas de Manizales	1.1664	468.48	116.80	0.2870	75.32	Mixta
E.S.P Aguas de Cartagena	1.1597	406.25	159.74	0.4307	62.24	Mixta

Fuente: Cálculos propios usando datos del SUI.

Nota: E.S.P significa Empresa de Servicios Públicos. E.P es Empresas Públicas. E.A.A es Empresa de Acueducto y Alcantarillado. E.M. Empresas Municipales.

Cuadro 10. Indicadores de Eficiencia y desempeño de la E.A.A de Cúcuta (2004-2013)

Año	Ineficiencia(μ_{it})	Costo/Agua (m^3)	Suscriptor	Kms	PerdAgua	IndCalAgua
2004	1.1081	164.13	107.021	755	62.65	59.43
2005	1.1110	157.81	109.100	756	65.36	71.52
2006	1.1183	154.28	115.964	809	66.69	72.60
2007	1.1869	167.81	128.406	821	56.67	74.72
2008	1.1485	183.10	131.625	840	52.95	68.90
2009	1.1304	177.87	133.907	879	57.74	62.58
2010	1.1499	196.58	141.520	885	55.07	64.29
2011	1.1610	196.84	145.879	916	55.94	66.58
2012	1.1788	203.65	149.610	945	55.24	64.86
2013	1.1765	171.95	153.695	976	54.60	70.15

Fuente: Cálculos propios usando datos del SUI.

Nota: Suscriptor: Número de usuarios. Kms: kilómetros de la red de acueducto. PerdAgua: Porcentaje de agua perdida. IndCalAgua: Índice de calidad del agua de la principal fuente de abastecimiento del acueducto.

Ensayo 2.

Determinantes del acceso al agua potable y de la calidad del servicio de acueducto: Un estudio para el caso de Colombia

Resumen.

En este ensayo se estiman los determinantes del acceso al agua potable y de la calidad del servicio de acueducto para el caso de Colombia usando la Encuesta Nacional de Calidad de Vida del año 2014. La estrategia empírica consiste en estimar un modelo probit que permite detectar y corregir un posible sesgo de selección muestral. En términos generales encuentro que la probabilidad de tener acceso al agua potable es menor para las personas que viven en la zona rural y en una región diferente de Bogotá. Adicionalmente el nivel de gasto per cápita, la raza y factores climáticos como las inundaciones y los deslizamientos de tierra, son variables estadísticamente significativas entre los determinantes de tener acceso al agua potable. Por su parte, la probabilidad de contar con un servicio de acueducto de buena calidad aumenta con el nivel educativo y disminuye cuando se presentan inundaciones. Además la calidad del servicio varía dependiendo de la zona y la región de residencia. Finalmente se analiza la relación entre el nivel de ingreso, aproximado con el gasto per cápita, y el acceso al agua, la calidad del servicio, el tipo de tratamiento del agua para beber y la participación del gasto en agua dentro del gasto total. Se concluye que existe una correlación positiva entre el nivel de riqueza, el acceso al agua y la calidad del servicio. Además se observa que el gasto en agua es más equitativo en la zona rural que en la zona urbana.

1. Introducción.

El acceso al agua potable ha sido reconocido como un derecho humano esencial en la Resolución 64/292 de la Asamblea General de las Naciones Unidas y en la Observación General Nº 15 del Comité de Derechos Económicos, Sociales y Culturales, de las Naciones Unidas. No obstante, la falta de agua potable sigue afectando a una parte significativa de la población mundial. La carencia de agua dentro de la vivienda o el acceso en condiciones no seguras para el consumo humano, afectan la calidad de vida y el bienestar de los seres humanos. El aumento en el suministro de agua potable ayuda a reducir la pobreza, disminuye la desigualdad y estimula el desarrollo económico. Por el contrario el consumo de agua contaminada, causa enfermedades y aumenta la tasa de mortalidad infantil. Así mismo, la falta de agua en cantidad suficiente para el aseo personal y el lavado de la ropa, dificulta el tratamiento de enfermedades que desaparecen con el uso de agua potable (UNDP, 2006).

Otros efectos negativos derivados de la falta de agua limpia en la vivienda tienen que ver con el tiempo que deben dedicar las personas, especialmente las mujeres y los niños, en obtener el agua para el consumo doméstico. El Informe sobre el Desarrollo Humano (2006) muestra que en diferentes países de África, América Latina y Asia las mujeres son las principales responsables de la recolección de agua y a menudo pasan hasta 4 horas al día caminando y esperando en las filas para obtener agua. Para las mujeres jóvenes la falta de agua potable y de servicios de saneamiento en las viviendas se traduce en la pérdida de oportunidades de educación, mientras que para las mujeres adultas disminuye la probabilidad de participar en el mercado laboral.

De acuerdo con el Informe de Defensoría del Pueblo (2007), en Colombia las familias que no cuentan con el servicio de acueducto en la vivienda deben recorrer distancias considerables hasta los ríos y otras fuentes alternativas de agua. En algunas regiones, las personas más pobres obtienen el agua de pozos y del agua lluvia. Este tipo de fuente tiene bajos niveles de calidad del líquido. En otros casos, se debe destinar una parte de los recursos económicos a comprar un porcentaje significativo de agua embotellada dados los problemas de calidad y cantidad de la fuente de agua disponible. Otro problema importante que se debe considerar, es que tener acceso a la red de acueducto no garantiza que el agua esté disponible todos los días de la semana y durante todo el día. Además no implica que el agua que proviene del acueducto sea potable. En el Diagnostico de la Calidad del Agua para Consumo Humano (2010) la Defensoría del Pueblo de Colombia, presenta los datos sobre el índice de riesgo del agua en 970 municipios. En total sólo 400 municipios ofrecen agua apta para consumo humano. En 212 municipios se distribuye agua con riesgo medio, en 109 con riesgo alto y en los 10 municipios restantes el agua es inviable sanitariamente.

La falta de conexión a la red de acueducto representa un problema de oferta que podría resolverse con más inversión en infraestructura. En Colombia se han destinado recursos económicos considerables desde finales de la década de 1990[13] para ampliar la cobertura de los servicios públicos básicos de agua y saneamiento, no obstante persisten deficiencias en el acceso y en la calidad del servicio. De otro lado, están los problemas de demanda. En este caso, los usuarios aun teniendo la conexión al servicio de acueducto pueden preferir usar otras fuentes de abastecimiento. Esta situación puede deberse a los menores costos de usar una fuente de agua alternativa. También los problemas de salubridad del agua y la falta de regularidad del servicio de acueducto llevan a suplir la demanda con otro tipo de fuente. Igualmente existen sectores de la población que sufren la desconexión del servicio de acueducto por falta de pago.

La población que no tiene acceso al servicio de agua potable o que recibe agua de mala calidad debe recurrir a soluciones alternativas. Entre ellas está el consumo de agua de pozos, fuentes públicas, conexiones ilegales a la red de acueducto, camiones cisterna, captación de aguas de ríos, lagos o otros cuerpos de agua sin tratamiento. Muchas soluciones de esa índole no garantizan la calidad del agua obtenida y tienen un altísimo costo para el usuario (Dourojeanni et al. 1999). La carencia de agua potable en la vivienda genera una serie de sobre costos para las personas que deben comprar agua a vendedores privados a precios que sobrepasan las tarifas que pagarían si tuvieran una conexión a una red de abastecimiento público. De igual forma, la población que recibe agua con mal olor, color o sabor, debe destinar recursos a la desinfección del líquido para consumo doméstico. La morbilidad y mortalidad infantil asociada a la falta de acceso al agua en condiciones seguras para el consumo genera costos considerables. A pesar de que existe consenso sobre los beneficios que implica proveer agua potable, no

---

[13] Los recursos económicos invertidos en el sector de agua potable y saneamiento básico pasaron de $5.3 billones en el cuatrienio 1999-2002 a $9.5 billones entre el año 2007 y el 2010 (DNP, 2010).

han sido suficientes los recursos económicos, la legislación y las instituciones creadas en los últimos años para garantizar el acceso universal al servicio de acueducto. En general se puede decir que las políticas de privatización de empresas de abastecimiento de agua, las reformas regulatorias y los subsidios cruzados son las herramientas usadas en América Latina para hacer frente a los problemas históricos de falta de acceso a servicios de acueducto en diferentes sectores de la población.

En este ensayo se usan los datos de la Encuesta de Calidad de Vida del año 2014 con el objetivo principal de estimar los determinantes del acceso y de la calidad del servicio del agua potable. Colombia es un caso interesante de estudio, porque a pesar de ser un país con una riqueza hídrica significativa no ha logrado garantizar el acceso universal al agua potable y además presenta problemas de calidad del agua y del servicio de acueducto. El uso de un modelo econométrico que permite corregir por sesgo de selección es la herramienta econométrica con la cual se busca contribuir a la literatura existente mediante evidencia empírica. Este estudio es útil para orientar la toma de decisiones de política al identificar los diferentes factores estructurales que condicionan la posibilidad de tener agua potable en la vivienda. Adicionalmente es un estudio que tiene en cuenta otro componente en el suministro del agua potable como es la calidad del servicio de acueducto que reciben los hogares.

Este ensayo se desarrolla a partir de la siguiente estructura. Después de la introducción se presenta en la segunda sección la revisión de la literatura relacionada los determinantes del acceso y la calidad del agua. Posteriormente se explica la metodología econométrica en la sección 3. En la sección 4 se analizan las principales variables que sirven de base para la estimación de las ecuaciones del modelo probit. Por último, en las secciones 5 y 6 se analizan los principales resultados de las estimaciones y se presentan las conclusiones junto con algunas recomendaciones de política que pretenden servir de insumo para los posibles ajustes en la política de mejoramiento del servicio de agua en Colombia.

2. El agua como objeto de desarrollo y la investigación académica.

Uno de los referentes que guía la política de acceso al agua potable actualmente, se encuentra en los Objetivos de Desarrollo del Milenio (ODM) establecidos en el año 2000. Entre las metas propuestas en el séptimo objetivo se encuentra la reducción a la mitad de la proporción de personas sin acceso al agua potable para el año 2015. Adicionalmente, en la Observación General Nº 15 del año 2003, el Comité de Derechos Económicos, Sociales y Culturales de las Naciones Unidas, se reconoce que "el derecho al agua es indispensable para vivir dignamente y es condición previa para la realización de otros derechos humanos". En concreto define el derecho al agua en los siguientes términos: "El derecho de todos a disponer de agua suficiente, salubre, aceptable, accesible y asequible para el uso personal y doméstico".

En Colombia, el artículo 365 de la Constitución Política establece que "los servicios públicos son inherentes a la finalidad social del Estado y es su deber asegurar la prestación eficiente a todos los habitantes del territorio nacional". Entre tanto, en el documento denominado El ABC del Derecho Humano al Agua (2009), la Defensoría del Pueblo de Colombia identifica diferentes componentes que garantizan la realización de este derecho de forma íntegra. En primer lugar está la disponibilidad, la cual hace referencia a la cantidad del agua necesaria para la supervivencia humana. Este componente incluye la continuidad del servicio y la regularidad en el suministro, así como a la sostenibilidad del recurso hídrico. En segundo lugar está la accesibilidad[14], que incluye tanto la accesibilidad física como la asequibilidad económica. Finalmente se tiene el componente de calidad. De manera precisa afirma: "el agua para uso personal o doméstico debe ser apta para el consumo humano, no contener microorganismos, sustancias químicas o radiactivas que puedan constituir una amenaza para la vida y la salud de las personas. Además, debe tener color, sabor y olor aceptables"

A pesar del reconocimiento del agua como derecho humano fundamental, existen importantes limitantes en su realización. Según el Informe Nº 1 de las Naciones Unidas (2003), entre los desafíos que enfrenta el abastecimiento de agua actualmente están, por

[14] La accesibilidad física implica tener las instalaciones y los servicios públicos de acueducto al alcance de todos los sectores de la población. Por su parte, la accesibilidad económica involucra la asequibilidad, la no discriminación en el suministro de agua por falta de recursos económicos.

un lado, el aumento del consumo de agua per cápita, debido a los mayores niveles de ingreso y la mayor demanda de recursos hídricos por el aumento de la población y la actividad económica. Por otro lado, la disponibilidad de fuentes de agua dulce se ven reducidas por la contaminación. Toneladas de desechos son arrojados diariamente a las fuentes de agua, incluyendo residuos industriales y químicos, vertidos humanos y desechos agrícolas. El resultado final es el deterioro de la calidad del agua para consumo humano y el aumento de la escasez.

De otra parte, la Organización Mundial de la Salud (1992) considera que una persona tiene acceso al agua potable si obtiene el líquido desde una distancia no superior a 200 metros de la vivienda a través de acueducto o de una fuente pública. Sin embargo, esta definición no tiene en cuenta elementos relacionados con la calidad del servicio como son la fiabilidad y la regularidad. El concepto de fiabilidad implica que el servicio tiene una alta probabilidad de estar disponible en la cantidad y calidad necesarias para satisfacer las necesidades básicas (Israel, 1992). De acuerdo con Zérah (2000) es importante tener en cuenta que además de la cantidad de agua disponible, se deben considerar elementos como la intermitencia del suministro (número de horas de la oferta), la presión y la previsibilidad.

De acuerdo con la literatura relacionada con el tema de los determinantes del acceso al agua potable existen factores geográficos, económicos, institucionales y ambientales que explican la falta de acceso al agua en condiciones de calidad y cantidad necesarias para satisfacer las necesidades básicas. En primer lugar están los factores geográficos. La población que vive en zonas rurales o en lugares con bajos niveles de lluvia y clima cálido, sufren mayores restricciones para acceder al agua potable por la escasez natural del líquido y la falta de inversión en infraestructura. Un segundo factor tiene que ver con el nivel de ingresos. La desigualdad en el acceso y la calidad del agua que reciben las personas está determinada, en parte, por el nivel de ingresos. En los países en desarrollo, el acceso al agua aumenta con el nivel de riqueza (WHO/UNICEF, 2011).

En tercer lugar, se consideran las variables institucionales. La gestión del agua es especialmente deficiente cuando las instituciones y el marco regulatorio no funcionan adecuadamente. La corrupción en el manejo de los recursos económicos destinados a la prestación de los servicios públicos, junto con las deficiencias técnicas y las falencias en la capacidad de regulación de la industria de agua potable, impiden que se alcance una mayor cobertura y una mejor calidad del agua (Akhmouch, 2012). En cuarto lugar se encuentran los efectos del cambio climático. El aumento de la temperatura en los meses de verano y la frecuencia e intensidad de las precipitaciones en invierno, generan una presión significativa sobre la disponibilidad de agua. Otros posibles impactos asociados con los eventos climáticos extremos incluyen el aumento de la contaminación de los recursos hídricos y la destrucción de la infraestructura a causa de las inundaciones y los deslizamientos de tierra.

Los hogares que no tienen acceso al agua a través del acueducto, desarrollan estrategias individuales o colectivas para satisfacer la demanda. La literatura económica sugiere que la elección de la fuente de agua es influenciada por las características socioeconómicas y demográficas del hogar, pero también por los precios de las distintas opciones disponibles (Totouom, 2012). En general se observa que los hogares que no cuentan con agua limpia en la vivienda son en promedio más pobres y menos educados que los hogares que disfrutan de la conexión al acueducto. Por lo tanto, se considera que el nivel de ingresos y la educación son factores explicativos de la probabilidad de que un hogar tenga acceso al agua potable en la vivienda (Briand et al. (2009b). Dependiendo del lugar, otros factores, como el sexo y el estado civil del jefe de hogar, así como la disponibilidad y la calidad de otras fuentes de agua son importantes en la explicación de la decisión de los hogares de tener o no conexión al acueducto en la vivienda (Nauges y Whittington, 2009).

Los estudios empíricos relacionados con el estudio de los determinantes de la elección de una fuente de agua se concentran principalmente en diferentes países africanos. Usando modelos econométricos como el logit multinomial o el probit buscan identificar las variables que influyen en la elección de una determinada fuente de agua. Briand *et al.* (2009a) estiman un modelo probit usando datos de 301 hogares de Dakar (Senegal) El objetivo es estimar los factores que inciden en la decisión de los hogares entre una conexión al agua de la red privada y una fuente pública. Entre los resultados destacados encuentran que variables como el estado civil del jefe de hogar así como la calidad del servicio tienen un impacto significativo en la elección de la fuente de agua. Adicionalmente muestran que el bienestar de los hogares, medido por los ingresos, el nivel educativo del jefe de hogar y el costo de acceso de las fuentes alternativas son variables significativas en la elección de la conexión privada o la red pública.

En esta misma dirección Nketiah-Amponsah *et al.* (2009) usan un modelo logit multinomial para identificar los determinantes socioeconómicos de la elección de la fuente de agua potable de los hogares en Ghana. Usando datos de una muestra de 531 hogares en tres distritos del país confirman que factores como el nivel de ingreso, el área (urbana or rural), el nivel educativo del jefe de hogar y la distancia entre la vivienda y la fuente de agua, son significativos en la probabilidad de elegir entre las diferentes fuentes disponibles. Por su parte, Totouom (2012) estima los determinantes de la elección de la fuente de agua en los hogares en Camerún en el año 2007. De nuevo el modelo econométrico es un logit multinomial. En este caso se usa una muestra de 11.391 hogares. Los resultados son los esperados. Por ejemplo, la distancia a la fuente de agua, afecta negativamente la probabilidad de elegirla para abastecimiento del hogar. Igualmente confirman que algunas características como el tamaño del hogar y el gasto tienen un impacto significativo en la elección de la fuente de agua.

De otro parte, en la literatura empírica también existe interés por estudiar la relación entre el acceso al agua y el desarrollo económico (Aiga et al., 2002; Sullivan et al., 2003; Narcisse 2010; Hanjra et al., 2009). En general los resultados muestran que las intervenciones gubernamentales que buscan reducir las deficiencias en el acceso al agua en diferentes regiones son una forma efectiva de alcanzar un mayor nivel de desarrollo económico en las áreas que se caracterizan por tener mayor pobreza económica.

En esta dirección se enfoca el estudio de Matshe et al. (2010) quienes examinan si existe una relación directa entre el índice de pobreza de agua[15] (Water Poverty Index, WPI) y la pobreza económica de los hogares del sur de África. Tomando como variable dependiente el ingreso mensual total de los hogares se pretende estimar el efecto de diferentes variables, entre ellas un índice de pobreza de agua. Éste índice comprende cuatro dimensiones: acceso al agua, calidad, uso y características medioambientales. Los resultados sugieren que existe una relación directa entre la pobreza económica y la

[15] Water Poverty Index (WPI) es un índice desarrollado por Lawrence *et al.*, en 2002 con la idea de indicar el grado en el cual la escasez de agua impacta a la población. El índice agrupa cinco componentes como son: disponibilidad de agua, acceso, capacidad, uso y factores ambientales.

falta de agua. En particular encuentran que el acceso al agua de buena calidad y de una fuente confiable mejora significativamente la situación económica de los hogares. De igual forma, estiman la relación entre el índice de pobreza de agua y diferentes variables características del hogar. Los resultados sugieren que los hogares donde la persona cabeza de familia es de raza negra tienden a tener mayores niveles de pobreza de agua. Adicionalmente encuentran que los hogares en los cuales el cabeza de familia es casado tienen menores niveles de pobreza de agua frente a los hogares donde el cabeza de hogar es soltero. Así mismo, el nivel de pobreza de agua declina con el nivel educativo del cabeza de hogar y con el estado laboral (empleado). Entre tanto, los niveles de pobreza de agua incrementan con el tamaño del hogar y cuando ningún miembro del grupo familiar recibe ayuda del gobierno.

Por su parte, en América Latina y el Caribe, el acceso al agua potable se aborda sobre todo desde la perspectiva de la desigualdad. Rangel et al. (2002) usan los datos de las encuestas de calidad de vida realizadas en 11 países de América Latina entre 1995 y 1999 con el objetivo de identificar y evaluar las desigualdades en el acceso y uso del agua potable. La variable relevante es el gasto domiciliario per cápita en agua que permite determinar la proporción del gasto del hogar que se destina a pagar el agua. Los resultados muestran que el acceso al agua potable, los gastos domiciliarios totales y per cápita destinados a la obtención de agua, tienen una relación positiva con los ingresos del hogar, y la zona geográfica. Además se destaca que el acceso al servicio de agua potable de la población rural es mucho más reducido que el de la población urbana en aquellos grupos con niveles de ingresos similares.

De igual forma, muestran que la proporción de hogares que tienen un sistema de agua potable en la vivienda es similar en la población rural de más altos ingresos y en la población urbana de ingresos más bajos. Los hogares que no tienen agua potable dedican un tiempo significativo a conseguir el agua, lo cual implica, para las familias pobres, un gasto adicional dado por el costo de oportunidad. Así mismo, encuentran que los hogares de bajos ingresos que carecen de una fuente de agua potable en el hogar gastan tanto dinero en conseguir agua como las familias de ingresos más altos. El acceso a métodos de desinfección del agua en el domicilio es muy reducido en el caso de las familias pobres, puesto que estos métodos son relativamente costosos. De esta forma los hogares de menores ingresos beben agua de peor calidad.

Para el caso de Colombia, el informe técnico elaborado por la Organización Panamericana de la Salud y la Organización Mundial de la Salud en el año 2001 con base en la Encuesta de Calidad de Vida de 1997, encuentra que las desigualdades en el acceso al agua están asociadas a las desigualdades en los ingresos o gastos de los hogares. En concreto muestran que existe una relación positiva entre el nivel de ingresos o gastos de las familias y un mayor acceso al agua. Adicionalmente, este estudio indica que aquellas viviendas que tienen conexión domiciliaria de agua gozan además de una buena regularidad en el servicio. Así mismo, aunque existen pequeñas diferencias en la regularidad, están asociadas a diferencias en los niveles de ingreso o gasto per cápita de los hogares, siendo ligeramente mayores las desigualdades en las zonas urbanas que en las áreas rurales del país. De igual forma, se estima que en el año 1997 más de la mitad de la población hierve el agua que utiliza para beber y solamente un tercio no le aplica ningún tratamiento. Sin embargo, contrariamente a lo que se esperaría, las personas que realizan menos tratamiento al agua antes de consumirla son las familias que no tienen conexión domiciliaria o no cuentan con el servicio dentro de la vivienda.

De otro lado, Yánez et al. (2013) aportan evidencia empírica sobre la existencia de inequidades en el ejercicio del derecho al agua en el componente específico de la calidad para consumo humano. Analizan la distribución espacial de los niveles de calidad del agua a través de la caracterización socio-espacial de los municipios con información georreferenciada. El objetivo es estudiar la relación entre la distribución de la calidad del agua y las desigualdades en el acceso al agua de buena calidad en los municipios colombianos en el año 2009. Los resultados muestran que los municipios más pobres tienen menor acceso a agua potable segura para el consumo humano. Por tanto, un determinante importante de la calidad del agua es la capacidad adquisitiva de sus habitantes. Mayores niveles de ingresos les permiten a los usuarios pagar las tarifas de mantenimiento de la infraestructura y generar utilidades a las empresas que prestan el servicio de acueducto. Estos resultados respaldan la hipótesis relacionada con la injusticia ambiental. Según esta hipótesis los grupos de menores recursos disfrutan de menores niveles de comodidades ambientales. En este caso en particular las personas de más bajos ingresos económicos disfrutan de menor acceso al servicio de agua potable dentro de la vivienda y sin ningún nivel de riesgo.

3. Metodología econométrica e hipótesis.

Para estimar los determinantes del acceso al agua potable y de la calidad del servicio de acueducto se emplea un modelo Heckprob estimado mediante el método de máxima verosimilitud. La calidad del servicio de agua potable toma en cuenta sólo a los usuarios del acueducto por lo cual puede existir un posible sesgo de selección. Por lo tanto, en este ensayo se estima un modelo probit que tiene en cuenta la corrección del sesgo de selección muestral para datos de corte transversal siguiendo la metodología propuesta por Heckman (1979). En primer lugar se estima la probabilidad de tener acceso al agua potable a través del acueducto para toda la muestra y luego se estiman los determinantes de la calidad del servicio sólo para los individuos con conexión a la red de acueducto.

El acceso al agua se modela mediante la variable dicotómica que toma el valor de uno si el hogar cuenta con conexión al acueducto público o comunal y cero en otro caso. Por su parte, las variables que permiten medir la calidad del servicio son la disponibilidad del agua los 7 días de la semana y las 24 horas del día. La selección no aleatoria de una parte de la muestra genera un sesgo de selección muestral que puede conducir a estimadores sesgados e inconsistentes. Por lo tanto, se requiere estimar un modelo Heckprob. Es decir un modelo probit para una muestra con sesgo de selección. Este tipo de modelo es apropiado cuando la variable dependiente es discreta. En concreto, para este caso, toma valores de 1 si los hogares tienen agua disponible 24 horas del día y los 7 días a la semana y cero en otro caso.

En la especificación del modelo Heckprob se usan dos ecuaciones. La ecuación que se busca estimar denominada ecuación de interés, y la ecuación de selección. Para evitar los problemas de identificación del modelo, se debe aplicar una restricción de exclusión según la cual la ecuación de selección o regresión auxiliar debe contener al menos una variable continua diferente de las variables de la ecuación de interés. Esta variable debe ser determinante en el proceso de pertenecer o no a la muestra pero no ser relevante para determinar la variable dependiente de la ecuación de interés. En términos matemáticos la ecuación de selección se expresa:

$$Prob(Y_{1i} = 1) = \xi(X'_{1i}\beta_1, \varepsilon_{1i}) \quad (2.1)$$

Donde a variable Y_{1i} en este ensayo se refiere a una variable dicotómica que toma el valor de 1 si le individuo cuenta con conexión al acueducto en la vivienda y cero en otro caso. Por su parte X_i es el vector de variables determinantes de tener acceso al agua y β es el vector de coeficientes asociados al modelo. ε_{1i} es el término de error aleatorio que se distribuye según una normal $[0, \sigma_1^2]$

Entre tanto, la ecuación de interés se expresa de forma similar a la anterior:

$$Prob(Y_{2i} = 1\,) = \zeta(X'_{2i}\beta_2, \varepsilon_{2i}) \tag{2.2}$$

En este caso, la variable Y_{2i} sólo se observa si $Y_{1i} = 1$, es decir siempre que el individuo pertenezca a la muestra seleccionada. En particular en este ensayo corresponde a los individuos que cuentan con el servicio de acueducto en la vivienda. Entre tanto, X_{2i} es el conjunto de variables que explican la calidad del servicio y β_2 es el vector de parámetros a estimar. Al igual que en la ecuación de selección se asume que el error aleatorio ε_{2i} se distribuye conforme a la distribución normal $[0, \sigma_2^2]$.

Dado que la variable dependiente de la ecuación de interés es dicotómica y además puede existir un problema de sesgo de selección en la muestra con la cual se estima la ecuación (2), se sigue la especificación del modelo propuesto por Heckman (1979). El método Heckprob permite conocer la inversa del ratio de Mills (λ), con lo cual se puede determinar si efectivamente se presenta un sesgo de selección muestral y si fue corregido mediante éste método de estimación, o si por el contrario es mejor interpretar los resultados mediante la estimación de modelos Probit o Logit.

En términos de las ecuaciones (1) y (2) y tomando la esperanza condicional se puede derivar la ecuación de interés como sigue:

$$Y_{1i} = \; X'_{1i}\beta_1 + \; E(Y_{2i} \mid X) + \; \mu_{1i} \tag{2.3}$$

Donde:

$$E(Y_{2i} \mid X) = \frac{\varphi(X'_{1i})}{1 - \varphi(X'_{1i})}$$

La letra φ representa la función de distribución normal acumulativa. En este modelo se asume que los términos de error no observados $(\varepsilon_{1i}, \varepsilon_{2i})$ siguen una distribución normal bivariante [0, 0, 1, 1, ρ], en la cual ρ representa el coeficiente de correlación entre ambos términos de error aleatorios.

Por lo tanto, la forma funcional del modelo Heckprob que se estima es:

$$Y_{2i} = X'_{2i}\beta_2 + \rho\lambda_1 + \eta_{2i} \tag{2.4}$$

De tal forma que en la ecuación (2.4), que corresponde a la ecuación de interés, aparece el término de corrección del sesgo de selección muestral λ_i. De otro parte, la forma funcional de la ecuación de selección será:

$$Y_{1i} = X'_{1i}\beta_1 + \eta_{1i} > 0 \tag{2.5}$$

Adicionalmente los términos de error aleatorio de estas dos últimas ecuaciones deben cumplir los siguientes supuestos:

$$\eta_{1i} \approx N(0,1)$$
$$\eta_{2i} \approx N(0,1)$$
$$Corr\ (\eta_{1i}, \eta_{2i}) = \rho$$

Asumiendo que los errores aleatorios siguen una distribución normal, se puede llevar a cabo la estimación mediante el método de Máxima Verosimilitud. Entre tanto, para verificar si existe sesgo de selección se utiliza la prueba de Wald. De esta manera se contrasta la hipótesis nula de que $\rho = 0$ contra la alternativa de que $\rho \neq 0$. (Wooldridge, 2010). Si $\rho = 0$ los parámetros β_2 de la ecuación (2.4) pueden estimarse por Mínimos Cuadrados Ordinarios de forma consistente.

De acuerdo con la revisión de la literatura y en función de la información disponible en la Encuesta de Calidad de Vida (2014) se considera, a priori, que el nivel educativo es una variable que incide en la probabilidad de que los individuos disfruten de mejores niveles de calidad del agua. La hipótesis que se plantea en este caso es que un mayor nivel de capital humano, implica más conocimiento de los efectos nocivos para la salud de consumir agua no potable. Nauges y Van Den Berg (2009) confirman que los hogares con mayores niveles de educación son más sensibles a los temas relacionados con la calidad del agua y es por eso que se espera que tengan una alta propensión a recurrir a fuentes de agua de buena calidad.

De igual forma variables como la región y la zona de residencia son relevantes entre los determinantes del acceso y la calidad del servicio de acueducto. En Colombia el rezago en la prestación de diferentes servicios públicos en el área rural es mucho mayor que en la zona urbana. De igual forma las regiones presentan diferentes características y factores ambientales como la disponibilidad de recursos hídricos y la disponibilidad de infraestructura que condicionan el acceso al agua y la calidad del servicio de acueducto.

Adicionalmente, se considera el logaritmo natural del gasto per cápita anual como una variable relevante para explicar los factores que condicionan la posibilidad de tener o no al agua potable. Esta variable se usa como una proxy de la riqueza (Basani *et al.*, 2008.) En la literatura económica el gasto se suele considerar más estable que el ingreso y en general es una variable que está altamente correlacionada con el ingreso permanente.

De otro lado se consideran otras variables como la raza. En Colombia existen diferentes grupos étnicos minoritarios como los indígenas, las comunidades de raza negra y los gitanos que experimentan condiciones de exclusión que afectan las posibilidades de acceder a servicios como el agua frente a la población mayoritaria de raza mestiza. De otro lado, los efectos del cambio climático que se reflejan en mayores niveles de lluvias en el tiempo de invierno y en el aumento de las sequias en épocas de verano son factores que condicionan el acceso al agua en un país especialmente vulnerable a estos fenómenos como es Colombia. La mayor incidencia de eventos climáticos extremos genera inundaciones y deslizamientos de tierra que afectan la infraestructura de la red de acueducto en diferentes zonas del país.

Finalmente, en este ensayo se realiza un análisis de la relación entre la riqueza, medida por medio del gasto per cápita, las alternativas de acceso al agua, el gasto en el servicio de acueducto y la calidad del servicio. La idea de esta sección es profundizar en el estudio de los determinantes del acceso al agua potable y en la calidad del servicio de acuerdo con los diferentes niveles de riqueza. La razón por la cual se usa el gasto per cápita tanto en las estimaciones de la primera parte como en esta sección es porque en la literatura suele considerarse que esta variable es una medida aproximada del ingreso permanente y en general del nivel de riqueza de los individuos. El gasto per cápita se usa como proxy del ingreso per cápita. De esta manera se busca evitar los problemas de endogeneidad entre el nivel de ingreso, la calidad del servicio de acueducto y el acceso al agua potable. La posible endogeneidad entre estas variables se debe a que los hogares con mayores ingresos son quienes tienen mayores niveles de acceso al agua potable y la mejor calidad del servicio. De igual forma, el acceso al agua potable y una buena calidad del servicio son determinantes del nivel de ingreso. La alta correlación positiva entre el nivel de ingreso per cápita y el gasto per cápita justifica la elección de esta última variable como explicativa de los niveles de acceso al agua potable y la calidad del servicio de acueducto.

4. Datos y estadísticas descriptivas.

Los datos usados en este ensayo se toman de la Encuesta Nacional de Calidad de Vida[16] de Colombia del año 2014. En el Cuadro 1 del anexo se pueden observar las estadísticas descriptivas de las distintas variables consideradas de acuerdo con la información disponible. De acuerdo con la literatura entre los principales factores determinantes de la probabilidad de tener acceso al agua potable y de contar con un servicio de buena calidad se encuentran: la zona de residencia, el nivel educativo, el nivel de riqueza, la raza, la disponibilidad de recursos hídricos, la inversión en infraestructura, el tipo de prestador del servicio de acueducto, entre otras. En este ensayo sólo se dispone de información de algunas de estas variables.

El área de residencia y la región son variables que reflejas diferentes características. De acuerdo con el Cuadro 1, más de tres tercios de la población en Colombia viven en áreas urbanas. Este debería ser un factor que facilita la prestación de servicios públicos dado que el agua se caracteriza por las economías de escala y alcance frente a las zonas rurales con una gran dispersión de la población. No obstante, Jouravlev et al. (1999)

[16] Esta encuesta tiene la característica de ser multipropósito. El universo del estudio es la totalidad de las viviendas, hogares y personas del territorio nacional.

muestran como en América Latina la creciente urbanización ha llevado a procesos de concentración de la población y la actividad económica en pocas ciudades. Algunas de las consecuencias de la rápida urbanización y la migración rural—urbana ha sido la creación de extensas zonas urbanas marginales en la periferia de las ciudades más grandes sin ninguna planificación de infraestructura y servicios. Adicionalmente señalan que la prestación del servicio de agua potable en las ciudades se ve afectado por el agotamiento de las fuentes de agua cercanas a los grandes centros urbanos ante la creciente demanda y el aumento de las descargas de aguas servidas en los cuerpos de agua, generando una contaminación creciente de los recursos hídricos.

En Colombia el acceso al agua por zona de residencia muestra diferencias considerables. De acuerdo con el Gráfico 1, el acceso al agua potable en la zona urbana es del 94% aproximadamente. Entre tanto, en la zona rural el porcentaje de personas con acceso al servicio de acueducto es del 51%.

Gráfico 1. Acceso al potable por zona

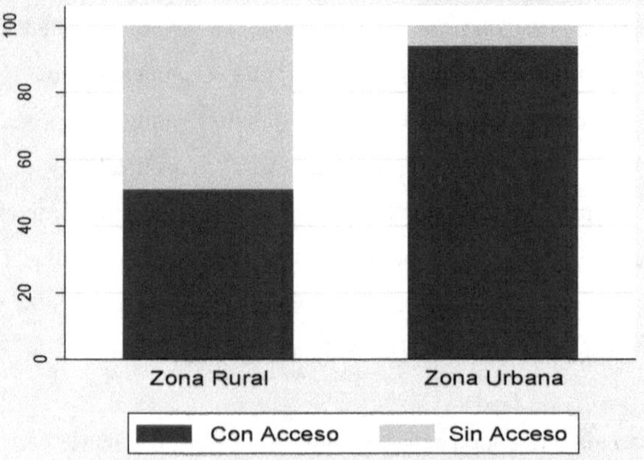

Fuente: Encuesta Nacional de Calidad de Vida (2014)

De otro lado, en el Gráfico 2 se observan las diferencias regionales en el acceso al agua potable. En la región R5 que corresponde Bogotá, la ciudad capital, el 99 % de los habitantes cuentan con conexión al servicio de acueducto en la vivienda. Entre tanto, en la región R8, que corresponde a las Islas de San Andrés y Providencia, sólo el 15%

tiene acceso al agua potable. Estas diferencias se explican principalmente por la disponibilidad de agua dulce y la capacidad de gestión de las empresas prestadoras del servicio de acueducto. En otras regiones como la R1, la falta de acceso al agua potable se podría explicar por la escasez del líquido y la menor capacidad de pago del servicio de acueducto de las personas que viven en la periferia de las ciudades.

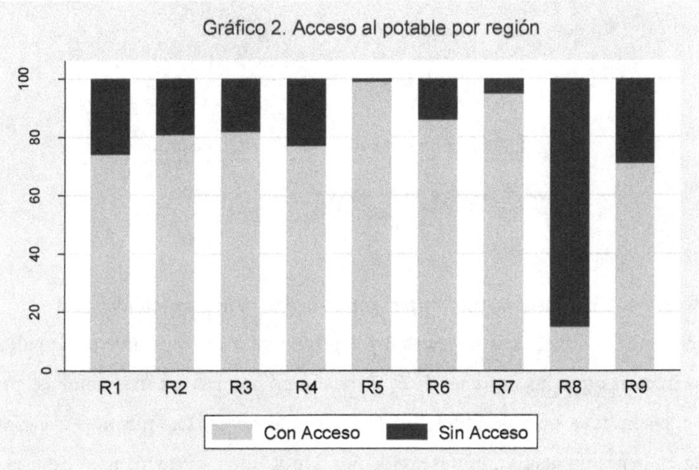

Fuente: Encuesta Nacional de Calidad de Vida (2014)

De otra parte, en el Gráfico 3, se observan las diferencias en la calidad del servicio de acueducto entre las zonas rural y urbana. En la zona rural el 41% de la población que tiene acceso al acueducto no recibe agua todos los días de la semana ni las 24 horas del día. Entre tanto, en la zona urbana la calidad del servicio mejora ya que el 20% de los habitantes presenta problemas de continuidad del servicio de acueducto. Estas diferencias podrían deberse a que en las zona rural predominan los pequeños prestadores del servicio de acueducto y las asociaciones comunitarias. Este tipo de organizaciones se caracterizan por el bajo nivel de inversión en infraestructura y la menor capacidad de gestión frente a las grandes empresas de servicios públicos de la zona urbana.

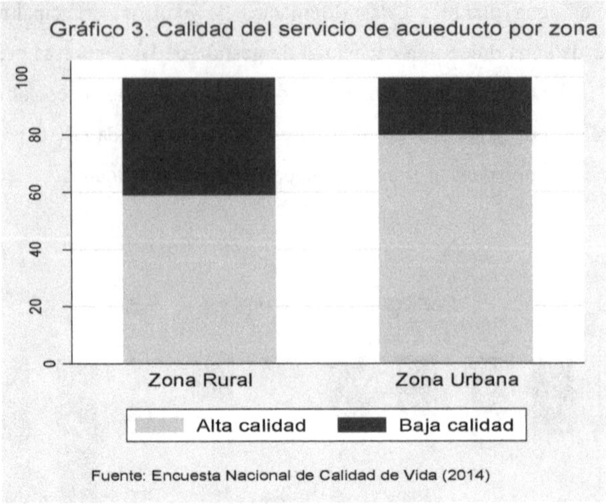

En el Gráfico 4 se observa el comportamiento del índice de calidad del servicio de acueducto en 9 regiones. Las regiones 8 y 1 presentan los peores niveles de calidad del servicio mientras que las regiones 5, 6, 7 tienen los porcentajes más bajos de personas que no reciben agua potable todos los días y las 24 horas. La situación más crítica se presenta en la región insular, representada por San Andrés y Providencia. En esta región el 88% de la población experimenta problemas de continuidad en el servicio de acueducto. La región Atlántica (R1) presenta igualmente un alto porcentaje de personas que no tienen un servicio de acueducto disponible regularmente. El 42% de los habitantes de esta región no reciben agua potable todos los días de la semana ni las 24 horas del día. Las deficiencias en la prestación de este servicio se podrían explicar por diferentes factores. En primer lugar está la capacidad técnica. La carencia de inversión en reposición y mantenimiento de la red de acueducto implica continuos cortes del servicio por los daños en la tubería. En segundo lugar se encuentran los factores ambientales. La mayor demanda de agua por habitante debido al clima cálido de estas regiones y la menor disponibilidad de agua dulce generan restricciones en la oferta de agua. Finalmente está el componente institucional. Las empresas prestadoras del servicio de agua potable en estas regiones no han logrado superar los problemas de gestión del sistema de acueducto. De tal forma que continúan ofreciendo un servicio de baja calidad sin que el ente regulador logre corregir esta situación que afecta a un número considerable de personas.

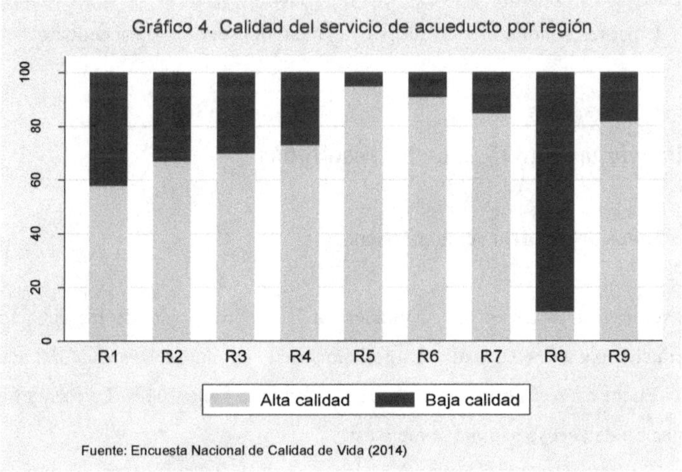

En cuanto a las otras variables de interés, los datos de la ECV-2014 muestran que un 6 y un 2% de la población ha sido afectada por inundaciones y deslizamientos respectivamente. No obstante, en años caracterizados por periodos extremos de lluvias el impacto es mayor. Por ejemplo, según la Encuesta Nacional de Calidad de Vida del año 2010, las personas afectadas por las inundaciones llegó a 10% y un 3% fue víctima de los deslizamientos de tierra. Entre las consecuencias de este tipo de fenómeno climático esta la destrucción de la infraestructura del servicio de acueducto y el deterioro de la calidad del agua para el abastecimiento humano.

De otra parte, las características personales como el nivel educativo y la raza son determinantes en los índices de calidad y acceso al agua potable. Según la información disponible en la Encuesta Nacional de Calidad de Vida del 2014 un 28% de las personas con estudios de primaria carecen de agua potable regularmente frente a 22 y 15% de los que tienen estudios de secundaria y universitarios respectivamente. De otro lado, el acceso al agua potable es apenas del 60% para las personas de raza indígena y del 74 y 87% para los negros y mestizos respectivamente. Igualmente la calidad del servicio de acueducto es menor para los grupos étnicos minoritarios. En concreto 58% de las personas de reza indígena tienen un servicio de acueducto con disponibilidad continua, frente a 68 y 79% de los de raza negra y mestiza. Aunque la población indígena y negra es minoritaria en Colombia, como se aprecia en las estadísticas descriptivas del anexo, disfrutan de peores condiciones de acceso y calidad del servicio de acueducto.

5. Estimaciones y análisis de los resultados.

5.1 Resultados del modelo econométrico.

En esta sección se analizan los resultados de las estimaciones de las ecuaciones de forma reducida para el acceso al agua potable y de la calidad del servicio del acueducto usando la Encuesta de Calidad de Vida de Colombia del año 2014. La forma funcional de la ecuación de acceso al agua potable es:

$$Prob(AccAg = 1) = \phi(\beta_0 + \beta_1 DumRur + \beta_2 DumReg_i + \beta_3 DumInund + \beta_4 DumDesl + \beta_5 DumRazNeg + \beta_6 DumRazIndg + \beta_7 lnGastperc + \mu_1) \quad (2.6)$$

Donde *DumRur* es la variable *dummy* para la zona rural; $DumReg_i$ representa las regiones diferentes a Bogotá; *DumInund* y *DumDesl* son las variables que indican inundaciones y deslizamientos. $DumRazNeg$ y $DumRazIndg$ son las *dummy* para la raza negro, indígena y gitano. Entre tanto *lnGastperc* es el logaritmo natural del gasto per cápita.

La ecuación de los determinantes de la calidad de servicio de acueducto se define como:

$$Prob(SerAc = 1 \mid AccAg = 1) = \xi(\beta_0 + \beta_1 DumRur + \beta_2 DumReg_i + \beta_3 DumInund + \beta_4 DumEduSec + \beta_5 DumEduUni + \mu_2) \quad (2.7)$$

En la ecuación (2.7) se consideran como variables explicativas la región y zona de residencia. Adicionalmente se incluyen las *dummy* $DumEduSec$ y $DumEduUni$ las cuales representan diferentes niveles educativos. Por último, μ_1 y μ_2 son los errores aleatorios en las respectivas ecuaciones.

En el cuadro 2, se presentan los resultados de las estimaciones de las ecuaciones de interés y de selección. El resultado asociado con el término de corrección del sesgo de selección muestral (λ_1) es negativo y estadísticamente significativo por lo cual no se rechaza la existencia de sesgo de selección. De igual forma, se observa que a un nivel de significancia del 1% se rechaza la hipótesis nula ($H_0: rho = 0$) de independencia de las dos ecuaciones. (Greene, 2011, Wooldridge, 2010 y Cameron y Trivedi, 2005). Por lo tanto se puede afirmar que la especificación y estimación de un modelo probit con corrección del sesgo de selección muestral resulta adecuado para hacer inferencia estadística sobre la población conformada por las personas que tienen acceso al servicio de acueducto en Colombia.

Adicionalmente cabe señalar que las estimaciones se llevan a cabo con errores estándar robustos usando el método de White. De esta manera se corrige la matriz de varianzas y covarianzas ante los posibles problemas de heteroscedasticidad presente en los datos de corte transversal y se garantiza que los parámetros estimados en el modelo Heckprob sean consistentes y asintóticamente eficientes (Gujarati, 2010 y Wooldridge, 2010). Finalmente es importante resaltar que los modelos estimados presentan un buen ajuste, con un Pseudo R^2 de 0.2963 y un valor *p* de 0.000 para la prueba de significancia conjunta de Wald.

En cuanto a los parámetros estimados (cuadro 2) estos muestran el comportamiento esperado. Se confirma que la probabilidad de acceder al agua potable es menor para los individuos que viven la zona rural, en comparación con quienes viven en el área urbana. Igualmente, vivir en una región diferente de Bogotá, disminuye la probabilidad de tener acceso al agua. Además variables ambientales como las inundaciones y los deslizamientos reducen la probabilidad de tener agua potable Entre tanto, ser de raza negra, indígena o gitano es también un determinante en la probabilidad de tener conexión al acueducto en la vivienda. Estas dos últimas variables se incluyeron en la ecuación de la calidad del servicio pero sólo las inundaciones resultaron estadísticamente significativas. El gasto per cápita es positivo y estadísticamente significativo y es por tanto un factor determinante de tener acceso al agua potable.

Cuadro 2. Resultados del modelo Probit con corrección del sesgo de selección.

Estimación de la probabilidad de tener acceso al agua potable			
Variable	**Coef.**	**z**	**P > z**
Área Rural	-1.4644	-90.26	0.000
Región Antioquia	-0.6942	-10.79	0.000
Región Atlántica	-1.1001	-17.23	0.000
Región Central	-0.7016	-11.11	0.000
Región Oriental	-0.8654	-13.55	0.000
Región Orinoquia	-1.7824	-24.89	0.000
Región Pacífico	-0.4151	-6.35	0.000
Región San Andrés	-3.2524	-44.45	0.000
Región Valle del Cauca	-0.1661	-2.32	0.020
Inundaciones	-0.1240	-4.50	0.000
Deslizamientos	-0.1867	-4.17	0.000
Raza negro	-0.4455	-19.06	0.000
Raza indígena y gitano	-0.4197	13.24	0.000
LnGasto per cápita	0.0496	5.55	0.000
constante	1.8008	14.58	0.000

continuación del cuadro 2.

Estimación de los determinantes de la calidad del servicio de acueducto

Variable	Coef.	z	P > z
Área Rural	0.0807	2.63	0.009
Región Antioquia	-0.2537	-6.60	0.000
Región Atlántica	-1.1782	-31.78	0.000
Región Central	-0.9821	26.98	0.000
Región Oriental	-1.0561	-29.07	0.000
Región Orinoquía	-0.4981	-9.68	0.000
Región Pacífico	-0.8084	-21.28	0.000
Región San Andrés	-0.9635	-5.33	0.000
Región Valle del Cauca	-0.5726	-14.62	0.000
Inundaciones	-0.1623	-5.28	0.000
Estudios Secundaria	0.0449	2.69	0.007
Estudios Universitario	0.2273	8.96	0.000
constante	1.6025	50.19	0.000
/athrho	-1.3633	-6.24	0.000
rho	-0.8772		
Wald test (rho = 0):	chi^2 (1) = 38.97	Prob > chi^2 = 0.000	
Log Pseudo - likelihood	-33140558		
Wald chi^2(12)	2310.43	Prob > chi^2 = 0.000	
Observaciones	67.453		
Obs. Censuradas	16.910		
Obs. No Censuradas	50.543		

Nota: Categorías de referencia: Área Urbana, Región Bogotá, Nivel educativo sin estudios y primaria, sin problemas ambientales, raza mestizo.
* Las estimaciones se hacen utilizando el factor de expansión de la población.

Es importante aclarar que entre los determinantes del acceso al agua no se incluye la variable que indica el nivel educativo, ya que se puede existir una alta correlación con la variable proxy de la riqueza, generando problemas de multicolinealidad. Se asume que las personas con más años de educación tienen mejores salarios y en general un mayor nivel de ingresos y de gastos Por otro lado, en la ecuación de calidad del servicio de acueducto no se incluye el gasto per cápita, como en la ecuación de acceso, con el fin de evitar el problema de identificación del modelo. Al igual que en el caso de la ecuación de acceso, en la ecuación de calidad del servicio todas las variables son significativas y con los signos esperados. De tal forma que la zona y la región de residencia, además de factores ambientales como las inundaciones y el nivel educativo determinan la probabilidad de tener un servicio de agua de buena calidad.

En los cuadros 3 y 4 se presentan los efectos marginales de cada una de las ecuaciones estimadas. Los resultados de la ecuación de acceso al agua potable indican que en el año 2014 vivir en la zona rural reduce en 24.86% la probabilidad de tener acceso al agua potable. Así mismo, las Islas de San Andrés y Providencia junto con la Orinoquia son las regiones que presentan las menores probabilidades de tener acceso al agua, con respecto a la ciudad capital Bogotá. En total, para las personas que viven en la Orinoquia o San Andres, la probabilidad de tener agua potable en la vivienda se reduce en 30.26 y 55.21% respectivamente. Las diferencias en el acceso al agua entre zonas y regiones son relativamente altas. En Colombia las regiones periféricas tienden a tener menor nivel de desarrollo. En general el mayor nivel de acceso al agua potable se puede explicar, en parte, por la mayor inversión en redes de acueducto, mayores niveles de riqueza y la presencia de empresas de servicios públicos más eficientes en la prestación de los servicios públicos.

Cuadro 3. Efectos Marginales de los Determinantes del Acceso al Agua Potable.

Variable	Coef.	z	P > z
Área Rural	-0.2486	-119.41	0.000
Región Antioquia	-0.1178	-10.93	0.000
Región Atlántica	-0.1869	-17.47	0.000
Región Central	-0.1191	-11.31	0.000
Región Oriental	-0.1469	-13.76	0.000
Región Orinoquía	-0.3026	-25.86	0.000
Región Pacífico	-0.0705	-6.39	0.000
Región San Andrés	-0.5521	-46.52	0.000
Región Valle del Cauca	-0.0282	-2.32	0.020
Inundaciones	-0.0211	-4.51	0.000
Deslizamientos	-0.0317	-4.17	0.000
Raza negro	-0.0756	-19.49	0.000
Raza indígena y gitano	-0.0713	-13.30	0.000
LnGasto per cápita	0.0084	5.57	0.000

Nota: Categorías de referencia: Área Urbana, Región Bogotá, sin problemas ambientales, raza mestizo.
* Las estimaciones se hacen utilizando el factor de expansión de la población.

Con respecto a las variables relacionadas con factores medioambientales como las inundaciones y los deslizamientos de tierra, éstas tienen un impacto proporcionalmente bajo sobre la probabilidad de tener acceso al agua. No obstante, se debe considerar que en los años en los cuales se presentan eventos extremos de lluvias, el impacto puede ser mayor. Entre tanto, las características individuales también determinan la probabilidad de contar con agua de la red de acueducto. En este caso ser negro, gitano o indígena reduce en 7.56 y 7.13% la probabilidad de tener acceso al agua potable, respectivamente. Aunque estas magnitudes pueden considerarse bajas, no dejan de ser relevantes en términos de igualdad de oportunidades. Esta situación se debe principalmente a que estos grupos de población viven en zonas con altos niveles de marginación. Los grupos étnicos minoritarios residen en zonas caracterizadas por la carencia de inversiones en servicios públicos y con altos niveles de pobreza. Finalmente en el cuadro 4, se observa que si las demás variables permanecen contantes en sus valores medios, un aumento del 1% del gasto per cápita, aumenta en 0.84% puntos porcentuales la probabilidad de tener acceso al agua de la red de acueducto.

Por último, en el cuadro 4, se observa que la probabilidad de tener un servicio de agua de buena calidad aumenta en 2.1% para las personas de la zona rural frente a quienes viven en la zona urbana. La diferencia en la calidad del servicio entre ambas zonas es mínima. Entre los factores que pueden explicar este resultado se destacan el hecho de que la regularidad del servicio de agua depende en gran medida de la disponibilidad del agua, la calidad del líquido y del estado de la infraestructura de la red de acueducto. En la zona rural, por lo general, la oferta de agua es abundante para la cantidad de personas que habitan esta área y por tanto no suelen experimentar racionamientos a causa de la escasez del líquido. Las ciudades, en cambio, tienden a experimentar restricciones en la disponibilidad de agua por problemas de escases natural o contaminación. Así mismo, la mayor densidad poblacional de las zonas urbanas implica una presión creciente sobre la infraestructura, en especial en los nuevos asentamientos urbanos en la periferia de las ciudades. Adicionalmente, la antigüedad de las redes de acueducto en algunos casos y la falta de mantenimiento en otros, produce fugas considerables de agua y una cantidad significativa de interrupciones del servicio por averías en las tuberías que distribuyen el agua en diferentes ciudades.

Por su parte, regiones como la Atlántica y la Oriental, presentan los mayores porcentajes de reducción de la probabilidad de contar con un servicio de acueducto de calidad frente a la categoría de referencia. Las deficiencias en la prestación del servicio de acueducto en estas regiones del país están asociadas tanto a la menor cantidad de agua disponible como a la falta de infraestructura suficiente para garantizar el suministro de forma continua todos los días de la semana y las 24 horas del día. De otro lado, las inundaciones son otro factor que disminuye en cerca del 4% la probabilidad de tener un servicio de agua de buena calidad. Esta situación se debe, en parte, a los efectos del cambio en el ciclo del agua debidos al cambio climático. Un ejemplo que permite ilustrar este argumento es que en la última temporada de lluvias extremas que tuvo lugar en Colombia entre los años 2011 y 2012 se produjo la destrucción de parte de la infraestructura de la red de acueducto en varias zonas del país generando problemas de abastecimiento de agua de forma regular.

Finalmente, se puede ver que a medida que aumentan los años de escolaridad, las personas tienen una mayor probabilidad de contar con un mejor servicio de agua. En concreto, cuando una persona tiene estudios secundarios esta probabilidad aumenta en 1.15% y para quienes tiene estudios universitarios, el aumento en la probabilidad es de aproximadamente el 6% frente a aquellas personas sin educación o con educación primaria. Aunque estos dos porcentajes no soy altos, es interesante notar que existe una relación positiva y significativa entre la calidad del servicio de acueducto y el aumento en los años de escolaridad. Este resultado se puede deber a un efecto riqueza. En este caso se supone que quienes tienen más años de educación consiguen mejores empleos, altos salarios y viven en las ciudades, por lo cual tienen un mayor nivel de riqueza que les permite vivir en zonas que tienen servicios públicos de mejor calidad. De igual forma, es posible que el mayor capital humano que se adquiere con los años de educación implique un mejor conocimiento de los efectos nocivos de no contar con agua en la cantidad y regularidad apropiada. Además las personas con mayor nivel educativo suelen tener más capacidad para exigir una mejor calidad de los servicios.

Cuadro 4. Efectos Marginales de los Determinantes de la Calidad del Servicio de Acueducto.

Variable	Coef.	z	P > z
Área Rural	0.0207	2.65	0.008
Región Antioquia	-0.0650	-6.69	0.000
Región Atlántica	-0.3022	-31.46	0.000
Región Central	-0.2519	-28.30	0.000
Región Oriental	-0.2709	-30.18	0.000
Región Orinoquía	-0.1278	-9.81	0.000
Región Pacífico	-0.2073	-22.79	0.000
Región San Andrés	-0.2471	-5.24	0.000
Región Valle del Cauca	-0.1469	-15.00	0.000
Inundaciones	-0.0416	-5.23	0.000
Estudios Secundaria	0.0115	2.69	0.000
Estudios Universitario	0.0583	8.92	0.000

Nota: Categorías de referencia: Área Urbana, Región Bogotá, sin estudios y estudios de primaria.
* Las estimaciones se hacen utilizando el factor de expansión poblacional.

5.2 Diferencias en el gasto, acceso y calidad del servicio de agua potable.

En esta sección se realiza un análisis complementario a la sección previa con la idea de abordar aspectos relacionados con la relación entre el nivel de riqueza y el acceso al agua potable, la calidad del servicio y el gasto en agua potable en Colombia. Básicamente se busca profundizar en el estudio de los determinantes del acceso y la calidad del agua. En concreto, se observa cómo se distribuyen variables como el acceso al agua potable a través del acueducto, la calidad de éste servicio, el tipo de tratamiento del agua para beber, entre otras variables, a través de los quintiles de gasto per cápita y de diferentes zonas geográficas.

En el cuadro 5, se presentan los resultados de los cálculos de la distribución porcentual de la población con y sin acceso al agua potable y para las dos categorías de calidad del servicio según los diferentes quintiles de gasto per cápita. En primer lugar se analizan los resultados de las filas y posteriormente los datos de las columnas. En el caso del acceso al agua a través del acueducto no está garantizado ni para las personas con los niveles más altos de gasto. No obstante, el porcentaje relativo de personas que no tienen acceso al agua potable es significativamente mayor en el quintil 1 en comparación con las personas del quintil más alto de gasto. Conforme a lo esperado, a medida que aumenta el nivel de riqueza, medido por el gasto, es mayor el porcentaje de personas que acceden al agua del acueducto.

En cuanto a la calidad del servicio se nota una menor diferencia entre las personas con un servicio de buena calidad y quienes experimentan problemas de regularidad, sobre todo en los dos primeros quintiles. Una proporción relativamente alta de personas en el primer quintil de gasto sufren problemas de disponibilidad del agua las 24 horas del día o los 7 días de la semana. Además se observa que a medida que aumenta el nivel de gasto, no cambia significativamente la proporción de personas con bajos índices de calidad del servicio de agua. La diferencia porcentual entre el primer y el último quintil de gasto per cápita es de 2.87. Entre tanto, las personas que cuentan con un servicio de agua de buena calidad aumentan en 16.69% cuando pasan del quintil de gasto más bajo al más alto. En este sentido se puede concluir que existen sectores de la población en los cuales la calidad del servicio del agua que reciben no depende del nivel la riqueza. Si bien los problemas de regularidad del servicio afectan en mayor proporción a las personas más pobre, existe un 19% de personas del quintil más alto del gasto con bajos índices de calidad del servicio del agua.

Una posible explicación a esta situación es que la continuidad y regularidad del servicio de agua potable, depende, en gran medida, de la infraestructura y la cantidad de agua disponible. En este sentido, se puede argumentar que la creciente urbanización que han experimentado diferentes ciudades de Colombia durante los últimos años junto con el rezago de las inversiones en nuevas infraestructuras urbanas, sobre todo en los nuevos barrios construidos en la periferia, han producido una saturación de la capacidad de las infraestructuras existentes para ofrecer servicios públicos de buena calidad como el agua. Adicionalmente, la cantidad y calidad de los recursos hídricos se han visto afectadas, en diferentes regiones, a causa de los efectos del cambio climático, generando restricciones del agua para consumo humano.

Cuadro 5. Porcentaje de acceso al acueducto y calidad del servicio por quintil de gasto per cápita en 2014.

	Acceso Acueducto		*Calidad Servicio*	
Quintil Gasto per cápita	0	1	0	1
1	*28.10*	*71.90*	*33.82*	*66.18*
	30.77	14.88	21.86	12.79
2	*21.35*	*78.65*	*29.10*	*70.90*
	23.38	16.28	20.59	15.00
3	*15.07*	*84.93*	*23.31*	*76.69*
	18.17	19.36	19.61	19.29
4	*12.02*	*87.98*	*19.46*	*80.54*
	16.21	22.41	18.95	23.45
5	*7.42*	*92.58*	*16.16*	*83.84*
	11.47	27.06	18.99	29.48

Fuente: Cálculos propios usando los datos de la ECV-2014.

Nota: La primera línea, en letra cursiva, indica el porcentaje de la fila y la segunda el de las columnas. Los cálculos se hacen usando el factor de expansión poblacional.

De otro lado, es interesante analizar la distribución de la población de acuerdo con el tipo de fuente de agua que usan y los niveles de gasto per cápita. En el cuadro 6, los datos dispuestos en las filas muestran que el porcentaje de personas con acceso al agua del acueducto público aumenta a medida que aumenta el nivel de riqueza. En el caso del acueducto comunal y veredal, al contrario, se produce una reducción en el porcentaje de la población que usa esta fuente de agua a medida que aumenta el nivel de gasto o riqueza. Este comportamiento se explica por el hecho de que el acueducto comunal o veredal es una fuente de agua de la zona rural en la cual es menor la proporción de personas con altos niveles de gasto. Otras fuentes de agua como los pozos, ríos, quebradas y agua lluvia, se comportan de acuerdo a lo esperado. El porcentaje de personas que usa estas fuentes disminuye a medida que aumenta el gasto per cápita.

Cuadro 6. Fuente de acceso al agua por quintil de gasto per cápita anual.

Fuente de agua	*Quintil de Gasto Per cápita*					
	1	2	3	4	5	Total
Acueducto	*13.14* 56.72	*15.20* 65.60	*19.13* 74.94	*23.25* 81.52	*29.27* 89.44	*100* 75.1
Acueducto comunal/veredal	*29.41* 15.19	*25.29* 13.05	*21.32* 10.00	*15.40* 6.46	*8.59* 3.14	*100* 8.99
Pozo	*33.64* 8.43	*22.17* 5.55	*19.66* 4.47	*16.05* 3.27	*8.48* 1.50	*100* 4.36
Agua Lluvia	*29.48* 4.31	*24.93* 3.64	*19.62* 2.60	*15.51* 1.84	*10.46* 1.08	*100* 2.54
Rio, quebrada, manantial	*34.73* 11.05	*24.82* 7.89	*19.51* 5.63	*13.99* 3.62	*6.95* 1.57	*100* 5.54
Pila pública, Carrotanque	*29.38* 3.91	*26.18* 3.48	*13.27* 1.60	*18.42* 1.99	*12.76* 1.20	*100* 2.31
Agua embotellada	*6.20* 0.41	*11.90* 0.78	*12.74* 0.76	*24.65* 1.31	*44.51* 2.06	*100* 1.14
	17.40 100	*17.41* 100	*19.17* 100	*21.43* 100	*24.59* 100	*100* 100

Fuente: Elaboración propia basada en la ECV-2014.
Nota: La primera línea, en letra cursiva, indica el porcentaje de la fila y la segunda el de las columnas.
Los cálculos se hacen usando el factor de expansión de la población.

Entre tanto, el uso de agua embotellada muestra una tendencia creciente significativa a medida que aumenta el gasto. Este resultado muestra que las personas con un mayor nivel de riqueza pueden usar el agua embotellada como un sustituto del agua del acueducto ante los posibles problemas de calidad del líquido o por la falta de continuidad del servicio. En cuanto al análisis de los datos dispuestos en las columnas se puede señalar que mientras que en el quintil 1 de gasto el 27.7% de las personas obtiene agua de fuentes alternativas al acueducto, en el quintil 5 este porcentaje asciende sólo al 5.35%. Igualmente se observa que el acceso al agua a través del acueducto es 1.29 veces mayor para la población del quintil más alto de gasto en comparación con el primer quintil.

Otro factor pertinente para analizar es la relación entre el tipo de tratamiento del agua para beber y los quintiles de gasto. De acuerdo con los datos de las filas del cuadro 7, la proporción de personas que no realizan ningún tipo de tratamiento al agua y quienes la hierven no cambia significativamente entre los diferentes quintiles de gatos. De otro lado, se encuentra que uno de los métodos de tratamiento del agua más usados por los hogares más pobres es la aplicación de cloro mientras que las personas con mayores niveles de riqueza usan filtros o compran agua embotellada para beber. Las diferencias en los costos entre uno y otro método de tratamiento, explica la elección por parte de las personas con diferentes niveles de gasto.

Por su parte, los datos de las columnas del cuadro 7, indican que las personas del primer quintil de gasto son los que menos tratamiento realizan al agua para beber. El hecho de que las personas más pobres sean quienes menos realizan tratamiento al agua para beber y a la vez son quienes más usan fuentes de agua alternativas al acueducto implica que consumen agua con un mayor riesgo para la salud. Este comportamiento puede explicarse tanto por los costos que implica usar algún tipo de tratamiento como por el hecho de que las personas más pobres tiene menores niveles educativos y en general pueden tener menos información y conocimiento sobre los beneficios de consumir agua con algún tipo de tratamiento. Entre tanto, el hecho de que aproximadamente el 50% de las personas de mayor nivel de gasto no realicen ningún tipo de tratamiento del agua puede deberse al hecho de que son quienes más usan el sistema de acueducto como fuente de agua y por tanto, consideran que el agua tiene la calidad necesaria y suficiente para beberla directamente.

Cuadro 7. Tipo de tratamiento del agua para beber según el quintil de gasto per cápita anual.

Tipo de tratamiento del agua	***Quintil de Gasto Per cápita***					
	1	2	3	4	5	Total
Sin tratamiento	*18.90*	*17.43*	*20.08*	*21.35*	*22.25*	*100*
	59.35	54.72	55.24	54.45	49.47	54.7
La hierven	*18.16*	*19.74*	*19.92*	*21.75*	*20.43*	*100*
	32.25	35.05	32.13	31.38	25.68	30.9
Usan cloro	*35.18*	*28.00*	*17.18*	*11.40*	*8.24*	*100*
	3.05	2.43	1.35	0.80	0.51	1.51
Usan filtros	*5.12*	*9.16*	*10.82*	*21.58*	*53.32*	*100*
	1.51	2.70	2.89	5.16	11.11	5.12
Compran agua embotellada	*8.56*	*11.42*	*15.72*	*22.55*	*41.75*	*100*
	3.83	5.11	6.39	8.20	13.23	7.79
	17.4	*17.4*	*19.2*	*21.4*	*24.6*	*100*
	100	100	100	100	100	100

Fuente: Cálculos propios a partir de los datos de la ECV-2014.
Nota: La primera línea, en letra cursiva, indica el porcentaje de la fila y la segunda el de las columnas.
Los cálculos se hacen usando el factor de expansión de la población.

Por último, en esta sección, se analiza la relación entre el gasto per cápita en agua y el gasto total per cápita. Debido a las restricciones de información, este ejercicio se realiza sólo para las personas que tienen el servicio de acueducto y que suministran la información de la cantidad de dinero que pagan por el servicio cada mes. Así mismo, lo quintiles de gasto en agua y de gasto total se calculan de forma diferencial por zonas urbana y rural. De esta manera se controlar por las diferencias en los niveles de riqueza que caracteriza estas zonas. Otro aspecto a tener en cuenta es que al calcular el gasto en agua per cápita permite controlar por el tamaño del hogar.

De acuerdo con los datos del cuadro 8, el gasto per cápita en agua de las personas del primer quintil de gasto total de la zona urbana es 11.62 veces menor que el gasto per cápita en el servicio de acueducto de las personas del último quintil. En el caso de las personas que viven en la zona rural ésta diferencia es aún mayor. En concreto, entre el quintil de gasto total más bajo y el más alto, la diferencia en el gasto en agua es de 22.75 veces. En total para todo el país ésta diferencias es de 18.98 veces. Este comportamiento podría deberse a la política de subsidios cruzados que se aplica a las tarifas de agua en Colombia. En particular se subsidian las tarifas de los estratos socioeconómicos 1, 2 y 3 y se cobra un valor más alto a las personas de los estratos 5 y 6. Otra variable que podría explicar estas diferencias en el gasto en agua, es el consumo. No obstante en este caso no se dispone de información sobre la cantidad de agua consumida ni de las tarifas pagadas por unidad de agua.

Cuadro 8. Gasto promedio anual en agua potable por quintil de gasto anual per cápita según la zona de residencia.

Quintil de gasto per cápita anual	*Gasto anual per cápita en el servicio de acueducto*		
	Zona Urbana	Zona Rural	Total
1	17.685	3.838	9.044
2	38.841	9.612	24.256
3	60.216	17.070	43.003
4	91.196	30.089	70.550
5	205.542	87.330	171.627

Fuente: Cálculos propios a partir de los datos de la ECV-2014.
Nota: Datos restringidos para los hogares que tienen el servicio de acueducto y pagan por éste servicio. Los quintiles de gasto per cápita total son diferentes entre las zonas rural y urbana.

Por otra parte, es importante señalar la diferencia que existe en el gasto en agua para las personas con niveles similares de gasto total. Las personas que viven en la zona urbana tienen un gasto per cápita en agua que es 4.6 veces mayor al de las personas del primer quintil de gasto total de la zona rural. Sin embargo, a medida que aumenta el nivel de gasto total, la diferencia en el gasto en agua se reduce entre las dos zonas en estudio. Para el último quintil de gasto total, el gasto en agua de la zona urbana es 2.35 veces mayor al de la zona rural. Posiblemente la disminución en la brecha en el gasto en agua se deba a las mayores tarifas que deben pagar las personas con mayores niveles de riqueza. Además se debe considerar que las tarifas que se cobran por el agua en las ciudades es más alta que en las zonas rurales. Esto se debe a que en la zona rural la mayoría de sistemas de acueductos son comunitarios y los costos de operación y mantenimiento en este caso son menores que los acueductos de la zona urbana.

Finalmente en el cuadro 9, se presentan los cálculos realizados con el fin ver cuál es la participación del gasto en agua, en el gasto total para diferentes zonas. Es claro que en la zona urbana la participación del gasto en agua sobre el gato total es mayor que en la zona rural, para los cuatro primeros quintiles de gasto total per cápita. Además se nota que las personas más pobres de la zona urbana son quienes dedican una mayor proporción del gasto en el pago del servicio de acueducto. En la zona rural el gasto en agua tiene una tendencia progresiva. Si bien el gasto en agua aumenta a medida que aumenta el nivel de gasto, éste último crece en una mayor proporción. A nivel nacional los resultados muestran que el gasto en agua se comporta de forma progresiva, en los cuatro primeros quintiles lo cual es un resultado deseable en términos de equidad.

Cuadro 9. Proporción del gasto anual en agua potable por quintil de gasto anual per cápita según la zona de residencia.

Quintil de gasto anual per cápita	*Gasto anual per cápita en el pago del servicio de acueducto*		
	Zona Urbana	Zona Rural	Total
1	2.50	0.97	1.67
2	2.69	1.21	2.19
3	2.64	1.42	2.47
4	2.47	1.64	2.55
5	1.87	1.90	2.04

Fuente: Cálculos propios a partir de los datos de la ECV-2014.
Nota: Datos restringidos para los hogares que tienen acueducto y pagan por este servicio.
Los quintiles de gasto per cápita total son diferentes entre las zonas rural y urbana.

6. Conclusiones y recomendaciones.

En este ensayo se estiman los determinantes del acceso al agua potable y de la calidad del servicio de acueducto usando los datos de la Encuesta Nacional de Calidad de Vida de Colombia realizada en el año 2014. La novedad de este trabajo se presenta en la metodología econométrica que permite estimar un modelo probit con corrección de sesgo de selección muestral. Adicionalmente con este ensayo se contribuye a la literatura relacionada con el acceso y la calidad de servicios básicos como el agua al emplear variables geográficas y ambientales, características individuales y variables económicas en las diferentes ecuaciones estimadas. Los principales resultados permiten concluir que el acceso al agua potable está condicionado por variables como la zona y la región de residencia. Estos dos factores reflejan la influencia de las diferencias geográficas en la probabilidad de poder contar con agua a través de la red de acueducto. En general los principales factores que pueden explicar las diferencias en el acceso al agua entre la zona rural y urbana, así como entre Bogotá y el resto de regiones del país son la carencia de inversión en infraestructura, las diferencias en los niveles de riqueza, la escasez y la contaminación del agua.

Otras variables relevantes en el estudio de los determinantes del acceso al agua potable son las características personales y las variables ambientales. En este sentido se destaca que si un individuo es de raza negra, indígena o gitano tiene una menor probabilidad de tener acceso al agua a través de la red de acueducto que alguien que es mestizo. De igual forma vivir en zonas que han sido afectadas por inundaciones o deslizamientos de tierra disminuye la probabilidad de tener agua potable.

En cuanto a la calidad del servicio, de nuevo las variables regionales y la zona son factores relevantes. No obstante, vivir en la zona rural implica tener mejor calidad del servicio frente a quienes viven en la zona urbana. En concreto el servicio de abastecimiento de agua potable es intermitente aún en áreas con niveles de ingreso alto como en las principales ciudades del país. De igual forma, las inundaciones vuelven a ser un factor determinante en la probabilidad de contar con agua las 24 horas del día y los 7 días de la semana. Finalmente se resalta el papel del nivel educativo en la mayor probabilidad de contar con un servicio de buena calidad.

Adicionalmente se llevó a cabo un análisis de la relación entre los diversos quintiles de gasto, como proxy de la riqueza, y el acceso, la calidad y el gasto en agua. Los resultados obtenidos permiten concluir que el porcentaje de las personas que acceden al agua a través de acueducto y cuentan con un servicio de buena calidad, es mayor a medida que aumentan los niveles de riqueza. Además se puede ver que una proporción significativa de personas que pertenecen a los quintiles más bajos de gasto, usan fuentes de agua alternativa al acueducto y no realizan ningún tipo de tratamiento al agua para beber. Este comportamiento refleja los riesgos a los que se expone la población más pobre cuando no tienen acceso al agua potable.

Por último, se muestran las diferencias en el gasto en agua entra la zona urbana y rural, y la participación del gasto en agua en el gasto total per cápita. Cabe destacar la progresividad del gasto en agua en la zona rural y la mayor participación de este gasto dentro del gasto total en el caso de las personas más pobres de la zona urbana. Estos resultados son similares a los obtenidos por la OMS y OPS (2001) usando datos de la Encuesta Nacional de Calidad de Vida de 1997. En este sentido, el trabajo realizado en esta última parte del ensayo busca estudiar si existen cambios o se mantiene la tendencia en los niveles de desigualdad en el acceso, la calidad y el gasto en agua potable en Colombia a través del tiempo. De acuerdo con los resultados obtenidos se concluye que existen problemas estructurales que condicionan el acceso al agua potable y la mejor calidad del servicio de acueducto.

A partir de los resultados obtenidos en este ensayo se identifican algunos aspectos en los que pueden actuar los encargados de la implementación de las políticas para garantizar el acceso al agua potable a toda la población y mejorar la calidad de este servicio. En primer lugar está la cuestión de la inversión y mantenimiento de redes de acueducto en la zona rural. En especial se requiere una mayor inversión y asistencia técnica para la construcción y el manejo de sistemas de acueducto en zonas con gran dispersión de la población como es el caso del área rural. La falta de incentivos para la inversión del sector privado en esta zona, implica la necesidad de una mayor participación de los diferentes niveles del gobierno y de la comunidad en la gestión de los sistemas de acueducto rural.

De otro lado, se debe tener en cuenta que Colombia es un país con una ubicación y unas características geográficas que lo hace especialmente vulnerable a los efectos del cambio climático. Por lo tanto, la gestión de las cuencas que abastecen los sistemas de acueducto debe centrarse en mitigar los efectos de los eventos climáticos extremos. Así mismo, se requiere una planeación del desarrollo urbano en torno a los recursos hídricos. La creciente urbanización en diferentes regiones de Colombia ha generado la creación de zonas urbanas marginales en la periferia de las ciudades sin tener la infraestructura y los servicios públicos necesarios. De igual forma, la rápida urbanización de los últimos años en determinados lugares del país ha implicado la proliferación de asentamientos ilegales que se establecen en lugares vulnerables ambientalmente. Los barrios ubicados en las laderas o a orillas de los ríos están más expuestos a peligros de diverso tipo, especialmente inundaciones y deslizamientos de tierra que terminan por afectar la infraestructura de la red de acueducto, entre otras.

Finalmente, se considera el tema de la desigualdad de los ingresos y la relación con el acceso al agua potable y la calidad del servicio de acueducto. En Colombia la desigualdad en los niveles de acceso y en la calidad del servicio de agua, está correlacionada con la desigualdad en la distribución del ingreso. De tal manera que en diferentes zonas del país, las personas no tienen acceso al agua en condiciones óptimas para su consumo, porque no cuentan con los recursos económicos necesarios para pagar los costes de inversión en la infraestructura de tratamiento y distribución del agua a través de acueducto. No existen incentivos para que las empresas privadas inviertan en sistemas de acueducto en municipios y zonas residenciales pobres. En tal sentido parece sensata la propuesta de algunos sectores de establecer un mínimo vital gratuito de agua potable. De esta manera se garantiza la igualdad de oportunidades al tener un consumo básico garantizado y se ayuda a disminuir el número de personas que deben gastar una parte importante de su tiempo en obtener agua para el consumo diario del hogar. La política de subsidios cruzados vigente ha permitido subsidiar el pago de las tarifas de acueducto a los sectores más pobres aunque no ha sido suficiente para lograr que el acceso al agua potable de forma continua sea universal.

La agenda de investigación en este tema, debe orientarse a tratar de utilizar diferentes variables que den cuenta de los factores institucionales, como el tipo de empresa que presta el servicio de agua; los niveles de corrupción en los gobiernos locales asociado con el manejo de recursos económicos del sector de acueducto y alcantarillado, entre otros. De igual forma, sería interesante estudiar el comportamiento de variables como el consumo promedio de agua para los hogares con y sin acceso al agua del acueducto y para diferentes quintiles de gasto. Así mismo, es importante tener la posibilidad de trabajar con datos a nivel de municipio, para realizar un estudio mucho más desagregado, acorde con las características particulares de las diferentes localidades

Bibliografía.

[1] Aiga, H., Umenai, T. (2002) "Impact of improvement of water supply on household economy in a squatter area of Manila", *Social Science & Medicine 55.*

[2] Akhmouch, A. (2012) "Water Governance in Latin America and the Caribbean: A Multi-Level Approach", *OECD Regional Development Working Papers.*

[3] Asamblea General de las Naciones Unidas (2010) Resolución A/RES/64/292.

[4] Basani, M., Isham, J., Reilly, B. (2008) "The Determinants of Water Connection and Water Consumption: Empirical Evidence from a Cambodian Household Survey", World Development 36(5):953–68.

[5] Briand, A., Nauges, C., Strand, J., Travers, M. (2009a) "The impact of tap connection on water use: the case of household water consumption in Dakar, Senegal", Environment and Development Economics 15, 107.

[6] Briand, A., Nauges, C., Travers, M., (2009b) "The determinants of the choice of water supply of households in Dakar", Journal of Development Economics 23, 83.

[7] Cameron, C., Trivedi, P. (2009) *Microeconometric Using Stata.* Stata Press.

[8] Comité de Derechos Económicos, Sociales y Culturales de las Naciones Unidas. (2003) El derecho al agua, Observación General nº 15.

[9] Defensoría del Pueblo de Colombia (2007) "Tercer Diagnóstico Sobre Calidad del Agua para Consumo Humano", Bogotá, D.C.

[10] Defensoría del Pueblo de Colombia (2010) "Diagnostico del agua para consumo humano: Análisis de políticas públicas con perspectiva de derechos humanos", Bogotá, D.C.

[11] Defensoría del Pueblo de Colombia (2009) "El ABC del Derecho Humano al Agua", Bogotá, D.C.

[12] Departamento Nacional de Planeación (2010) "Estadisticas Básicas de Acueducto y Alcantarillado", Bogotá, D.C.

[13] Dourojeanni, A., Jouravlev, A. (1999) "Gestión de cuencas y ríos vinculados con centros urbanos", Comisión Económica para América Latina y el Caribe (CEPAL), LC/R. 1948, Santiago de Chile.

[14] Heckman, J. (1979) "Sample Selection Bias as a Specification Error", *Econométrica.* 7(1). P. 42-68.

[15] Hidman, P. (2007) "Household choice of drinking-water source in Philippines", *Asian Economic Journal*, 16(4), 303-316.

[16] Hanjra, M., Ferede, T., Gutta, D. (2009) "Reducing poverty in sub-Saharan Africa through investments in water and other priorities", Agricultural Water Management 96, 1062–1070.

[17] Israel, A. (1992) "Issues for Infrastructure Management in the 1990s", World Bank, Washington, DC.

[18] Matshe, I., Moyo-Maposa, S., Zikhali, P. (2010) "Water Poverty and Rural Development: Evidence from South Africa"

[19] Narcisse, C. (2010) "Water security and the poor: Evidence from rural areas in Cote D'Ivoire", Working paper, BP V 43 Abidjan.

[20] Nketiah-Amponsah, N., Woedem, A., Senadza, B. (2009) "Socio-economic Determinants of Sources of Drinking Water: Some Insight from Ghana"

[21] Nauges, C., and C. van den Berg. (2009) "Demand for Piped and Non-piped Water Supply Services: Evidence from Southwest Sri Lanka", *Environmental and Resource Economics 42(4):*535–49.

[22] OMS/OPS (2001) "Desigualdades en el acceso, uso y gasto en agua potable en América Latina y el Caribe", Informe Técnico No. 4, Colombia. Washington, DC.

[23] Rangel, L., Griesinger, M., Dachs, J., Bittner, M., Tavares, S. (2002) "Desigualdades en el acceso y el uso del servicio de agua potable en Latinoamérica y el Caribe", *Revista Panamericana de Salud Pública,* 11(5/6).

[24] Sullivan, C., Meigh, J. (2003) "Considering the water poverty index in the context of poverty alleviation", *Water Policy 5*: 513-528.

[25] Totouom, A. (2012) "Determinants of the households' choice of drinking water source in Cameroon", *Journal of Sustainable Development in Africa*. Volume 14, Nº 3.

[26] UN/WWAP. (2009) "The United Nations World Water Development Report 3: Water in a Changing World", Paris and London, UNESCO and Earthscan.

[27] UNDP (2006) "Human Development Report 2006: beyond scarcity: power, poverty and the global water crisis", Palgrave Macmillan.

[28] World Health Organization (1992) "The international drinking water supply and sanitation decade", World Health Organization, Geneva.

[29] WHO/Unicef (2011) "Drinking water equity, safety and sustainability: Thematic report on drinking water", Nueva York

[30] Wooldridge, J. (2010) *Introducción a la econometría: Un enfoque moderno*. Ed. Thomson

[31] Yánez, M., Acevedo, K. (2013) "El acceso al agua para consumo humano en Colombia", *Revista de Economía Institucional*, vol. 15, Nº 29, segundo semestre/2013, pp. 125-148.

[32] Zérah, M. (2000) "Household strategies for coping with unreliable water supplies: the case of Delhi", *Habitat International* 24, 295-307.

Anexo.

Cuadro 1. Estadísticas descriptivas.

Variables	ECV-2014
Dependientes	% Población
Acceso al Acueducto	0.84 (0.37)
Calidad del Servicio	0.77 (0.42)
Independientes	
* Área de residencia	
Urbana	**0.77 (0.42)**
Rural	0.23 (0.42)
* Región	
Bogotá	**0.17 (0.37)**
Antioquia	0.14 (0.34)
Atlántica	0.22 (0.41)
Central	0.12 (0.32)
Oriental	0.18 (0.38)
Orinoquía	0.02 (0.12)
Pacifica	0.08 (0.27)
San Andrés	0.01 (0.03)
Valle del Cauca	0.10 (0.30)

* Nivel educativo		
Primaria	0.59	(0.49)
Secundaria	0.17	(0.38)
Universitario	**0.05**	**(0.22)**
* Raza		
Negro	0.12	(0.32)
Indígena	0.04	(0.19)
Otro	**0.84**	**(0.36)**
* Variables Ambientales		
Inundaciones	0.06	(0.24)
Deslizamientos	0.02	(0.14)
* Variables Económicas		
Gasto anual per cápita	2.919.419	(5.575.826)
Gasto anual per cápita servicio acueducto	63.636	(92.965)
Muestra de Hogares	20.141	
Número de Personas	67.548	

Fuente: Cálculos propios usando los datos disponibles en la ECV-2014.
Nota: Las variables en negrita son las categorías de referencia.
* Desviación estándar entre paréntesis.

Ensayo 3.

Múltiples usos del agua, contaminación y regulación: Estudio de caso de la parte alta del río Cauca en Colombia.

Resumen.

En este ensayo evalúo los efectos de la tasa retributiva sobre la contaminación del agua en la cuenca alta del río Cauca y presento diferentes propuestas de política para disminuir el deterioro de la calidad de los recursos hídricos en el Departamento del Valle del Cauca. En primer lugar, estimo un modelo log-lineal para determinar el impacto de la tasa retributiva y de la regulación del caudal sobre la contaminación del río Cauca. Los resultados obtenidos muestran que la única variable que presentó un cambio significativo fue la Demanda Química de Oxigeno. Adicionalmente, encuentro que en algunas estaciones de monitoreo, el caudal del río influye en el comportamiento de los Sólidos Suspendidos, el Oxígeno Disuelto y el Nitrógeno. En general, concluyo que la política de control de la contaminación basada en el cobro de un impuesto a las fuentes fijas permite reducciones de la contaminación en ciertos sectores y para ciertos tipos de sustancias. En segundo lugar, analizo diferentes factores que pueden explicar la contaminación persistente de los recursos hídricos en la cuenca en estudio. En concreto observo que existen deficiencias en la regulación y el funcionamiento institucional, entre otros factores que inciden en la efectividad de las políticas de control de la contaminación en la cuenca alta del río Cauca.

1. Introducción.

El agua es un insumo esencial para el desarrollo de actividades económicas y recreativas. Además, es un recurso vital para garantizar la salud y la supervivencia de los seres vivos. Por lo tanto, la escasez y la contaminación de los recursos hídricos afectan negativamente el bienestar social, el crecimiento económico y la biodiversidad. La contaminación de diferentes cuerpos de agua se explica principalmente por la actividad de la población, la producción de bienes y servicios y el cambio climático. Desde la economía ecológica se argumenta que el agotamiento de los recursos naturales y la contaminación generan restricciones al crecimiento económico (Georgescu-Roegen, 1971; Daly, 1973).

En la literatura económica existen diferentes puntos de vista sobre las causas de la degradación del medio ambiente que difieren en las posibles soluciones. Uno de ellos considera los fallos del mercado como la principal causa para que surjan problemas ambientales como la contaminación del aire o el agua. En consecuencia proponen, entre otras soluciones, el cobro de impuestos a quienes contaminan. Desde otro punto de vista, se argumenta que la regulación, del medio ambiente en particular, suele inducir ineficiencias. Por lo tanto, se recomienda la introducción de derechos de propiedad individual sobre los recursos naturales para evitar su degradación. (Anderson et al. 2001; Pennington, 2005). De otro lado, está el enfoque de la economía ecológica institucional que argumenta que la degradación ambiental se debe, principalmente, a los desajustes entre el funcionamiento de los ecosistemas y las instituciones (Young, 2002). De esta manera plantea introducir cambios institucionales en los cuales juegan un papel fundamental la participación de los agentes locales en los procesos de decisión sobre el manejo y uso de los recursos naturales (Paavola et al. 2005; Ostrom, 2006).

Las políticas de control de la contaminación vigentes en Colombia combinan instrumentos de comando y control con incentivos económicos. El cobro de un impuesto por unidad de contaminante, llamada tasa retributiva, se aplica a los sectores industrial y residencial. De igual forma se establecen estándares de calidad del agua. Diferentes evaluaciones del impacto de la tasa retributiva sobre los niveles de contaminación del agua muestran resultados divergentes. Por un lado, encuentran que en algunas regiones del país la aplicación de la tasa retributiva ha logrado reducciones significativas de la contaminación en el sector industrial (Galarza, 2009). De otro lado, se argumenta que el cobro del impuesto por contaminar no ha logrado influir en el comportamiento de los hogares que siguen siendo el sector más contaminante. Esta situación se explica principalmente por la baja capacidad de fiscalización y control por parte de los entes territoriales (Briseño et. al. 2007).

En cuanto a la región en la que se centra el presente estudio, la cuenca alta del río Cauca, las políticas de control de la contaminación han pasado por diferentes etapas. Entre 1963 y 1968 se realizaron los primeros estudios de la calidad del río Cauca en los cuales se evidenciaron problemas de contaminación. Desde entonces se planteó la necesidad de tratar este problema integrando los diferentes usos del agua. Por medio de modelos de simulación de la calidad del agua y un modelo económico de programación lineal se analizaron las diferentes alternativas de uso del recurso hídrico. Entre ellos se destaca: la generación hidroeléctrica, abastecimiento, dilución e irrigación. Con los resultados obtenidos de estos modelos, se inició el proyecto de modelación del caudal del río como alternativa para enfrentar los problemas de inundaciones y contaminación que afectaban principalmente al departamento del Valle del Cauca. Posteriormente se aplicó la política de control de la contaminación basada en estándares de calidad y el cobro del impuesto por contaminar para el sector industrial y el sector residencial.

De acuerdo con el regulador de los recursos naturales en la zona de estudio (Corporación Autónoma Regional del Valle del Cauca, CVC) el deterioro de la calidad del agua se explica principalmente por la presencia de áreas degradadas por el uso inadecuado del suelo, la descarga de aguas residuales de los centros urbanos y de las zonas industriales, las actividades agropecuarias, la extracción de materiales para la construcción, la disminución del caudal en temporada de verano, el deterioro del suelo por la explotación minera y la deforestación. El resultado final de la excesiva contaminación del río es el agotamiento de la capacidad de dilución y por lo tanto, la disminución significativa de la calidad del agua para los diferentes usos.

La contaminación persistente del río Cauca se ha convertido en un problema ambiental importante. De acuerdo con los datos presentados por el ente regulador de la región la contaminación no se ha reducido hasta niveles considerados apropiados. Por lo tanto, en este ensayo nos preguntamos si existen fallos en la política de control de la contaminación basada en el cobro de un impuesto por contaminar o si por el contrario esta política ha logrado efectos positivos o si no ha tenido ningún efecto.

Aunque existen diferentes mecanismos y políticas para el control de la contaminación de los recursos hídricos, su implementación enfrenta restricciones institucionales, políticas, económicas y tecnológicas. A partir de esta reflexión se pretende evaluar el comportamiento de diferentes parámetros que miden los niveles de contaminación de los recursos hídricos en la cuenca alta del río Cauca. La elección de este tramo del río, como caso de estudio, obedece tanto a la disponibilidad de información como a la posibilidad de ilustrar la situación paradójica que experimenta esta región de Colombia. A pesar de tener una riqueza hídrica significativa, la ciudad de Cali, capital del departamento del Valle del Cauca, sufre restricciones en el uso de este recurso debido a los problemas de contaminación excesiva que afecta la calidad del agua del río Cauca.

La problemática ambiental, que afecta al departamento del Valle del Cauca, es la principal motivación para realizar este ensayo con el cual pretendo hacer las siguientes contribuciones específicas. En primer lugar, evaluó los efectos de la aplicación de la política de impuestos por contaminación y de regulación del caudal del río sobre diferentes variables relacionadas con la contaminación del agua. En segundo lugar, pretendo identificar las principales variables y factores que condicionan la efectividad de la política de control de la contaminación Finalmente, propongo algunas opciones de política que combinan el enfoque económico y el ambiental. La metodología que se sigue en este ensayo se basa en la combinación del estudio de caso, el análisis econométrico y el análisis institucional.

El ensayo se estructura en cinco secciones. En primer lugar presento un resumen del marco teórico y reviso la literatura relacionada con el tema de la contaminación de los recursos hídricos. A continuación, describo el funcionamiento institucional y la regulación de la contaminación del agua en Colombia y en la región objeto de estudio. Posteriormente explico la metodología y analizo los datos de la sección cuantitativa. En las dos secciones siguientes, se analizan los resultados de las estimaciones y se describen los factores que explican el aumento de la contaminación en el área en estudio. Por último, se presentan las conclusiones y las recomendaciones de política.

2. Marco Teórico y revisión de la literatura.

La calidad de un cuerpo de agua puede ser modificada como consecuencia de las actividades humanas o por las condiciones naturales que inciden en sus propiedades físicas, químicas y biológicas (CVC-Univalle, 2007). Entre las principales fuentes de contaminación de los ríos se encuentran las descargas de aguas residuales de origen doméstico e industrial, las cuales contienen contaminantes orgánicos, químicos y metales pesados. Otra fuente de contaminación importante es la escorrentía de las tierras dedicadas a la agricultura y la ganadería. Esta contaminación se caracteriza por su alto contenido de nitrógeno y fósforo (Goldar et *al.*, 2004).

Usualmente se aplican dos tipos de políticas para el control de la contaminación (Stiglitz, 2000). En primer lugar, están los mecanismos de comando y control, los cuales se basan en el establecimiento de cuotas de emisión y estándares de calidad. En segundo lugar, se tienen los instrumentos económicos como los impuestos por contaminar o las subvenciones por reducciones de la contaminación. La elección de un determinado instrumento depende tanto del origen de las sustancias contaminantes como del enfoque económico de referencia. Cuando la fuente de contaminación es de origen fijo o puntual, es más frecuente emplear mecanismos de control basados en las emisiones (impuestos por emisión, estándares de calidad y permisos de emisión negociables). La posibilidad de identificar y medir las descargas de sustancias contaminantes proveniente de las aguas residuales de los centros urbanos y de las zonas industriales, facilita la regulación de la contaminación de este tipo de fuente. Entretanto, la contaminación de origen no puntual es difusa y requiere mecanismos de regulación diferentes. Entre ellos están el control de los insumos y el cambio en las prácticas de producción. La dificultad para regular este tipo de fuente se debe a la imposibilidad de medir la carga contaminante que va desde el origen hasta el cuerpo de agua receptor.

Adicionalmente, las políticas de control de la contaminación están condicionadas, entre otros factores, por la naturaleza compleja del agua. Martín et al. (2015) identifican una serie de características que hacen particular a este recurso natural. Por ejemplo, la movilidad inherente al ciclo hidrológico dificulta la determinación y aplicación de derechos sobre el agua, generando incertidumbre. También la diversidad de usos del agua genera rivalidad en los aprovechamientos. Otro rasgo del agua es la interdependencia de los usuarios. Los usos y usuarios ubicados aguas abajo dependen de la cantidad, calidad, caudales de retorno o pérdidas de los usos y usuarios localizados aguas arriba. Debido a la posición privilegiada de los usuarios ubicados aguas arriba, se genera un desequilibrio de fuerzas que dificulta los procesos de negociación y aprovechamiento sustentable del agua. De igual forma, la disponibilidad temporal del agua y la calidad limitan la accesibilidad de terceros en determinados periodos de tiempo. La colisión entre los derechos extractivos sobre el agua y los permisos de vertido de desechos en el mismo cuerpo de agua genera problemas estructurales en la gestión de los recursos hídricos.

En la literatura económica el tema de la contaminación de los recursos hídricos puede abordarse desde el enfoque de los recursos comunes. El uso de un cuerpo de agua como sumidero de sustancias contaminantes puede catalogarse como un recurso común de libre acceso. En el caso de un río, por ejemplo, los usuarios del agua pueden verter diferentes cantidades de contaminación sin la posibilidad de excluir a nadie. Por lo tanto, este servicio ambiental es no excluyente, lo cual es una característica de los bienes públicos (Guerra, 2014). De otro lado, cuando los niveles de contaminación del agua están por encima de su capacidad de asimilación se afecta el uso de este recurso para diferentes actividades de tal forma que existe rivalidad en su uso. Cada unidad de contaminante vertido a un cuerpo de agua disminuye la capacidad de este recurso como proveedor de diferentes servicios ambientales.

El problema de la degradación de un recurso natural como el agua, es un ejemplo de "fallo de mercado" (Slavíková et al. 2010). Las decisiones de producción o inversión de los agentes privados no tienen en cuenta o no internalizan los beneficios o costos sociales de sus acciones lo cual implica la existencia de externalidades (Libecap, 2009). En economía pueden encontrarse modelos de control de la contaminación basados en mecanismos de mercado como son los impuestos, las subvenciones y los permisos de emisión negociables. Según el planteamiento de Arthur Pigou (1920), las actividades que contaminan deben pagar un impuesto igual al costo social marginal generado por la contaminación. De esta forma se internalizan los costos causados a la sociedad y al medio ambiente. En términos generales se plantea la posibilidad de alcanzar un nivel óptimo de contaminación en el cual el costo marginal de remoción de la contaminación causada por el agente contaminador es igual al costo marginal impuesto a la sociedad por la externalidad (Galarza, 2009). No obstante, en términos prácticos, es difícil estimar las funciones de costos tanto de los agentes que contaminan como de los sectores afectados por la contaminación. Uno de los problemas que enfrenta el regulador para calcular el "impuesto pigouviano" es el de las asimetrías de información. Los altos costos de monitoreo generan restricciones para acceder a la información necesaria que permita determinar el costo marginal social y ambiental. En resumen es difícil cobrar un impuesto que conduzca a un nivel de contaminación óptimo al menor costo posible.

Una propuesta alternativa al modelo anterior fue planteada por Baumol y Oates (1971) Reconociendo la dificultad para estimar el costo marginal social, estos autores proponen un esquema de control de la contaminación que permita alcanzar un "óptimo de segundo orden". Según este modelo, la autoridad ambiental establece una meta de contaminación y un impuesto por contaminar que se ajusta en función del logro de los estándares de calidad fijados. En este caso se requiere menos información. El hecho de que los impuestos sean iterativos implica que se fija un monto inicial de impuesto por cada unidad contaminante emitida. Si con este nivel de impuestos no se reduce la contaminación hasta el nivel de aceptabilidad establecido, se aumenta la tasa impositiva periodo a periodo hasta alcanzar el objetivo propuesto de reducción de la contaminación. Sin embargo, este esquema de regulación que combina normas e impuestos, para corregir las externalidades generadas por la contaminación, no está exento de cierto grado de arbitrariedad en la fijación del valor inicial del impuesto y del nivel de contaminación permisible.

De otro lado, está el enfoque que argumenta que la regulación no es una buena forma de enfrentar el problema de la contaminación ambiental. Por esta razón, plantean como solución la introducción de derechos de propiedad individuales (Anderson and Leal, 2001; Pennington, 2005). En esta dirección, Coase (1960) supone que, en la medida en que los costos de transacción sean bajos o inexistentes y que los derechos de propiedad establecidos en los fallos judiciales no permitan una solución económica eficiente, se producirá una reasignación de estos derechos hacia aquellos que los valoran más. De acuerdo con este punto de vista las partes afectadas por una determinada externalidad tienden a negociar hasta alcanzar un nivel de producción óptimo sin intervención del estado, pero con derechos de propiedad bien definidos. De esta manera quien genera un costo a otro, debe compensarlo pagando por el derecho adquirido. No obstante, la existencia de costos de transacción y negociación, y la dificultad para coordinar acciones entre grupos de interés, con objetivos y capacidades diferentes, hacen que la disminución de la contaminación hasta un nivel óptimo sea difícil de conseguir usando sólo mecanismos de mercado como el propuesto por Coase.

Finalmente la economía ecológica institucional considera que la degradación de los recursos naturales se debe, entre otros factores, al desajuste entre el funcionamiento de las instituciones y los ecosistemas (Young, 2002). En este enfoque se incorporan las normas éticas y sociales que motivan el comportamiento humano, en contraste con la visión típicamente racional y de optimización del beneficio. Paavola (2007) argumenta que el buen funcionamiento de las instituciones es importante para asegurar que la calidad del agua se mantenga. Así mismo, se supone que el uso insostenible de los recursos naturales es consecuencia de las formas de propiedad y gestión que no generan los incentivos suficientes y necesarios para su protección. En este contexto, las instituciones son un factor determinante que influye en el comportamiento humano, los valores y las preferencias (Vatn, 2005a). Según Tortajada et al. (2011), la gestión deficiente de la calidad del agua se debe a la falta de coordinación entre las diferentes instituciones, a la carencia de recursos económicos, así como a la poca prioridad que tiene esta problemática en las agendas políticas de los gobiernos.

Para minimizar o eliminar los problemas de degradación de los recursos de uso común Ostrom et al., (1994) y Ostrom (1990) proponen, entre otras soluciones, la cooperación entre las comunidades usuarias de los bienes o servicios ambientales a partir de acuerdos y normas concertadas con los diferentes niveles de gobierno y mediante la combinación de instituciones públicas y privadas. Básicamente argumentan que las soluciones cooperativas que alcanzan ciertas comunidades con problemas de administración de un recurso común, se basan en establecer mecanismos de uso y explotación que minimizan el problema del *free rider* y que garantizan la maximización de la explotación sin comprometer su sostenibilidad (Guerra, 2014).

Por su parte, en la revisión de la literatura empírica se pueden identificar dos grandes temas. En primer lugar está la relación entre el crecimiento económico y el medio ambiente. A partir de la estimación de la curva de Kuznets ambiental, se contrasta la hipótesis de que existe una relación de U invertida entre el PIB o el ingreso per cápita y la contaminación del agua o el aire (Grossman et al. 1993, 1995; Shafik, 1994; Stern et al., 1996). Los resultados indican que en la etapa inicial de crecimiento, los impactos ambientales son crecientes en el nivel de ingreso. A partir de cierto umbral de ingreso, comienza a disminuir la degradación del medio ambiente como función de la riqueza. Entre los factores que explican estos resultados están: la inversión en tecnologías de producción menos contaminante, la explotación de las economías de escala en la reducción de la contaminación, el cambio de la estructura productiva y una mayor demanda de mejor calidad ambiental por parte de individuos con niveles altos de ingreso (Grossman y Krueger, 1996).

En segundo lugar se encuentran los modelos que buscan estimar los determinantes de la contaminación y contrastar empíricamente los impactos de diferentes políticas sobre los índices de calidad y contaminación del agua. A partir de diferentes especificaciones econométricas y usando bases de datos de diversos países o regiones, estos estudios identifican una serie de variables que son determinantes de la contaminación del agua o el aire. Por ejemplo, Sigman (2001) encuentra que la población y el PIB están positivamente correlacionadas con la contaminación del agua, mientras que el caudal tiene un efecto negativo sobre los niveles de contaminación de este recurso.

Goldar et al. (2004) analizan el impacto de la regulación informal de la contaminación sobre la calidad del agua en diferentes ríos de la India. Los resultados indican que la calidad del agua está positivamente relacionada con la lluvia, y negativamente correlacionada con la industrialización, la intensidad de la irrigación y el uso de fertilizantes. Adicionalmente, encuentra que existe una relación positiva y estadísticamente significativa entre el porcentaje de voto y la calidad del agua, y también entre el nivel educativo en un distrito y la calidad del agua de los ríos que fluyen a través del distrito. De otro lado, Gani et al. (2014) muestran que el estado de derecho, la calidad regulatoria, el control de la corrupción, la efectividad del gobierno y la rendición de cuentas son estadísticamente significativos y se correlacionan negativamente con la contaminación del agua en todas las actividades industriales, así como para el caso de las actividades industriales específicas.

En el caso especifico de Colombia, los estudios empíricos realizados por el Ministerio de Medio Ambiente (2002) encontraron que los niveles de vertimientos reaccionaban de manera significativa al cobro de la tasa retributiva. Los resultados de las estimaciones de un modelo logit sobre datos históricos indicaron que cuando la tasa retributiva no se aplica, la probabilidad de que las empresas en una cuenca reduzcan sus emisiones disminuye significativamente. Por otro lado, Galarza (2009) estima un modelo de diferencias en diferencias usando datos de panel para una muestra de 261 empresas de 3 regiones diferentes. En este caso encuentra que la implementación de las tasas retributivas generó cambios de comportamiento en los contaminadores del sector industrial quienes disminuyeron las descargas de sustancias contaminantes. En el caso del sector municipal no se obtuvieron resultados concluyentes.

Por último, Correa (2014) evalúa la incidencia que ha tenido el cobro de las tasas retributivas sobre los niveles de vertimientos de las empresas de alcantarillado en Colombia entre 2007 y 2012. Mediante un modelo de regresión con datos de panel determina la relación existente entre los niveles de la Demanda Bioquímica de Oxigeno (DBO_5) y los Sólidos Suspendidos Totales (SST) vertidos por las empresas de acueducto y alcantarillado y variables como el nivel de la tasa retributiva, el índice de recaudo del impuesto realizado por las Corporaciones Autónomas Regionales y las metas de reducción propuestas en los Planes de Saneamiento y Manejo de Vertimientos. Entre los resultados obtenidos se destaca el hecho de que el nivel de la tasa retributiva no influye en el comportamiento de las emisiones de DBO_5 y SST de los hogares. Este resultado coincide con la evidencia presentada en los estudios preliminares de Blackman (2005), Caema (2002), Rudas (2002). Adicionalmente, encuentra que un aumento en el índice de recaudo disminuye los vertimientos de DBO_5 y SST. Este resultado es acorde con lo esperado y refleja que la mayor eficiencia en el recaudo del impuesto por contaminar, incentiva la reducción de los vertimientos. Finalmente, en este estudio se evidencia que la implementación de los Planes de Saneamiento y Manejo de Vertimientos que se lleva a cabo desde el año 2004 no parece ser una herramienta fundamental en el intento por reducir los volúmenes de descargas de aguas residuales.

3. Instituciones y regulación de la contaminación en Colombia.

3.1 Estructura Institucional.

En el año 1993 se creó en Colombia un Sistema Nacional Ambiental (SINA) descentralizado, el cual está conformado por el Ministerio de Medio Ambiente, treinta y tres Autoridades Ambientales Regionales (CAR) y seis Autoridades Ambientales Urbanas. El Ministerio del Medio Ambiente es el máximo responsables del manejo y de la formulación de las políticas de gestión de los recursos naturales renovables. En el tema del agua, sus responsabilidades comprenden la formulación, gestión y coordinación de las políticas, normas y programas sobre agua potable, gestión de recursos hídricos, descargas de aguas residuales y saneamiento. En el tema especifico de la contaminación de los recursos hídricos, es quien establece las pautas para el ordenamiento y manejo de las cuencas hidrográficas y fija los límites máximos permisibles de vertimientos y el monto mínimo de las tasas que se cobran por la descarga de sustancias contaminantes al agua.

La implementación de las políticas ambientales en los departamentos está a cargo de las Corporaciones Autónomas Regionales (CAR) y de las Autoridades Ambientales Urbanas en el caso de las ciudades con más de un millón de habitantes. En la cuenca alta del río Cauca, operan dos de estas CAR y una Autoridad Ambiental Urbana. La Corporación Autónoma Regional del Cauca (CRC) en el departamento del Cauca, la Corporación del Autónoma del Valle del Cauca (CVC) en el departamento del Valle del Cauca, y en la ciudad de Cali el Departamento Administrativo de Gestión del Medio Ambiente (DAGMA).

Las autoridades ambientales regionales y locales tienen la responsabilidad de administrar los recursos naturales renovables en los departamentos y ciudades. Adicionalmente, cuentan con autonomía en materia de planificación, administración y manejo presupuestal. De esta forma, a estas entidades se les otorga el manejo directo del 86% de los recursos de inversión del sector (Ministerio del Medio Ambiente, 2009). Entres sus principales funciones se encuentran las de elaborar los planes de manejo ambiental regional, otorgar concesiones, permisos y licencias ambientales, monitorear el cumplimiento de los límites permisibles de vertimiento, ejercer las funciones de evaluación, control y seguimiento ambiental de los usos del agua, y recaudar las contribuciones, tasas, derechos y multas por concepto de uso del agua.

3.2. Mecanismos de regulación de la contaminación hídrica.

La regulación de la contaminación de los recursos hídricos en Colombia se basa en un sistema mixto. Por un lado están los mecanismos de comando y control y por el otro los instrumentos económicos. En el primer caso el Ministerio de Medio Ambiente establece unos límites máximos de vertimiento por tipo de sustancia y propone la remoción de determinados porcentajes de la contaminación producida. En el segundo caso, dicho Ministerio establece el cobro de un impuesto por unidad de contaminante vertido. La contaminación se mide en términos de kilogramos de Demanda Bioquímica de Oxigeno (DBO_5) y de Sólidos Suspendidos Totales (SST). La tasa retributiva o impuesto por contaminar se cobra a los sectores industrial y residencial desde el año 1998.

La forma en la cual se calcula el cobro mensual de la tasa retributiva sigue un procedimiento basado en tres pasos: *i*) el establecimiento de metas de reducción de la carga contaminante por cuenca; (*ii*) la aplicación de una tarifa por unidad de contaminación vertida por las diferentes fuentes de contaminación reguladas; y (*iii*) el ajuste gradual de la tarifa, que sirve como incentivo permanente para reducir la contaminación (CAEMA, 2002). La autoridad regulatoria regional (CAR) fija un estándar de calidad ambiental como meta para los cuerpos de agua para un periodo de un año. Cada semestre se ajusta el factor regional en función del cumplimiento de la meta de contaminación fijada y de la tasa mínima por contaminar que fija el Ministerio del Medio Ambiente.

Finalmente la regulación establece que los recursos provenientes de tasas retributivas deben destinarse a proyectos de descontaminación hídrica y al monitoreo de la calidad del agua. De esta manera, las autoridades ambientales regionales generan recursos económicos que les permiten tener cierto grado de independencia financiera. En general se pretende que las tasas por contaminación cambien el comportamiento de los agentes que son objeto de este cobro. Por ejemplo, en el sector industrial por medio de la adopción de tecnologías de producción más limpias y en el sector doméstico mediante la construcción de sistemas de tratamiento al final del tubo. Las empresas de acueducto y alcantarillado trasladan el costo de las tasas retributivas a los usuarios residenciales. Esta situación puede explicar, en parte, por la falta de incentivos de las empresas de servicios públicos para invertir en plantas de tratamiento de las aguas residuales.

3.3. Caracterización del área de estudio.

En este ensayo se toma como caso de estudio la cuenca alta del río Cauca. Este río nace en el sur-occidente de Colombia y es el segundo más importante del país. Tiene una longitud aproximada de 1.360 km y se divide en tres partes: Alto Cauca, Cauca Medio y Bajo Cauca. La cuenca hidrográfica del río Cauca, en la parte alta, tiene un área aproximada de 22.900 Km^2. El 32% de la cuenca en estudio se encuentra en el departamento del Cauca, 47% en el departamento del Valle del Cauca, 13% en Risaralda, y 8% en Quindío (CVC - Universidad del Valle, 2000c). En este estudio, sólo se considera la parte del río que pertenece a los departamentos del Cauca y del Valle del Cauca, debido a la disponibilidad de información.

La importancia económica del río Cauca se refleja en las diferentes actividades productivas que se localizan a lo largo de su recorrido. Por ejemplo, el cultivo de caña de azúcar y la industria azucarera, la producción de café, la generación de energía, la extracción de material de arrastre, el consumo doméstico, agropecuario e industrial usan el agua del río Cauca como insumo. De igual forma la ribera del río soporta una carga demográfica significativa. Aproximadamente 55 municipios, de los dos departamentos en estudio, se benefician del consumo de agua de este río. Entre ellos Cali y Popayán, capitales de los departamentos del Valle del Cauca y Cauca respectivamente, las cuales suman dos millones y medio de habitantes (DANE, 2014).

De los dos departamentos en estudio, el Valle del Cauca es el más afectado por la contaminación del agua. En general esta región del país es pionera en la gestión del agua asociada con los usos productivos. La Corporación Autónoma Regional del Valle del Cauca (CVC) fue la primera Corporación Regional del país. Se creó en 1954 con la finalidad de fomentar el desarrollo económico integrado del Valle del Cauca. A la CVC se le entregó el manejo de la cuenca alta del río Cauca y la administración de todos los recursos naturales renovables en la jurisdicción de la cuenca, siguiendo el modelo de la Autoridad del Valle de Tennessee (Kline et al. 2011, Menhinick et al. 1953). La idea básica era hacer un uso multipropósito del agua del río Cauca. Lo anterior suponía la construcción de represas para la generación de energía eléctrica, el riego y el control de las inundaciones. De esta forma se recuperaban las tierras del valle geográfico del río Cauca para la explotación agrícola, en particular, para el cultivo de la caña de azúcar.

Por su parte, el problema de contaminación del río Cauca, en la parte alta, comienza a hacerse evidente desde que se realizaron los primeros estudios[17] entre 1963 y 1968. En general se encontró que el nivel de Oxígeno Disuelto disminuía significativamente en su recorrido por el departamento del Valle del Cauca. Adicionalmente en estos años se estimó un modelo económico de programación lineal para analizar las diferentes alternativas de uso del recurso hídrico. En 1975 la CVC inicio el proyecto de "Reglamentación y Control de la Contaminación del Río Cauca" con la asesoría de la Organización Panamericana de la Salud (OPS). Mediante modelos de simulación de la calidad del agua, estimaron los niveles de caudal necesario para mantener la capacidad de dilución del agua y así lograr que los niveles de OD estuvieran por encima del nivel mínimo requerido. Estos primeros modelos contribuyeron a fijar una política de calidad del agua, en la que se combinaban diversos porcentajes de tratamiento con diferentes caudales de dilución. También sirvieron de soporte técnico para regular y controlar las descargas de aguas residuales al río Cauca y sus tributarios.

En 1980 la CVC inició el programa de seguimiento o monitoreo sistemático del río Cauca fijando puntos de muestreo en 19 estaciones ubicadas entre los departamentos del Cauca y Valle del Cauca. De otro lado, en 1985 se pone en funcionamiento la represa la Salvajina gestionada por la CVC. Por ser una infraestructura multipropósito la represa se orientó primordialmente hacia el control de inundaciones y de manera secundaria hacia la generación de energía y la regulación del caudal para ayudar al alivio de la contaminación del río Cauca a su paso por el departamento del Valle del Cauca (CVC-Univalle, 2007). Los potenciales beneficiados con la construcción de la represa eran los agricultores aguas abajo y los consumidores de energía y agua. El control de las

[17] Estudios realizados por entidades como la Universidad del Valle, la CVC, Universidad de Tulane de los Estados Unidos y las Empresas Municipales de Cali (EMCALI).

inundaciones en el valle geográfico del río Cauca permitiría aumentar la producción agrícola. Adicionalmente, la descontaminación derivada de la regulación del caudal del río buscaba garantizar la calidad del agua para consumo humano. No obstante, existe escasa evidencia de la eficacia de la regulación del caudal en el control de la contaminación a partir de la construcción de la represa la Salvajina.

El nuevo régimen regulatorio implementado en 1993 redefinió las funciones de la CVC que dejo de ser un ente para el desarrollo económico de la región y pasó a ser la autoridad ambiental del Departamento del Valle del Cauca. Posteriormente se llevó a cabo la privatización de la operación de la represa la Salvajina en el año 1995. De esta manera se perdió parte de la capacidad de usar la represa como una herramienta para el manejo integral de los recursos hídricos. Los intereses del agente privado que produce energía hidroeléctrica, no necesariamente coinciden con el interés general de la población del Valle del Cauca. En concreto los habitantes de esta zona se ven afectados por el creciente deterioro de la calidad del agua y la mayor incidencia de fenómenos climáticos como las inundaciones y las sequias que afectan el caudal del río. La creciente contaminación de este recurso termina por limitar su uso para actividades como la pesca, la recreación y el consumo humano. Además restringe las funciones naturales del agua en la conservación de la biodiversidad. Adicionalmente aumentan los costos de tratamiento del agua para consumo humano y genera interrupciones del servicio de agua potable debido a la excesiva contaminación (ver Figura 2).

Figura 2. Problemas de potabilización del agua. Planta de Puerto Mallarino – Cali.

Fuente: Emcali (2014)

La contaminación sistemática del río Cauca afecta directamente la calidad de vida de los habitantes de la ciudad de Cali. Aunque la ciudad cuenta con una red hidrográfica conformada por siete ríos, sufre continuos cortes en el suministro del agua potable. En términos de cantidad, la ciudad tiene una oferta suficiente para satisfacer las necesidades de los sectores productivo y residencial. La empresa de servicios públicos, Emcali, capta agua de los ríos Cauca, Cali, Meléndez y Pance. Sin embargo el río Cauca es la fuente de agua que abastece al 76% de la población de la ciudad. No obstante, los altos índices de contaminación del agua pueden alcanzar niveles en los cuales es imposible la potabilización del líquido para el consumo humano.

De acuerdo con los datos de la Figura 3, entre 1997 y 2014 las toneladas vertidas de DBO_5 han disminuido en diferentes sectores. Las reducciones más significativas se presentan en el sector industrial. Este comportamiento parece ser el resultado de la aplicación de la política de control de la contaminación basada en el cobro de la tasa retributiva. Entre tanto, la ciudad de Cali muestra una reducción del 39% en las descargas de DBO_5. Esta reducción se explica por la inversión en plantas de tratamiento de aguas residuales. Los demás municipios, en cambio, muestran un aumento de la cantidad vertida de este tipo de contaminación en la cuenca alta del río Cauca. Esta situación se debe principalmente a la falta plantas de tratamiento o a la baja capacidad instalada de la infraestructura existente. Por su parte, en el sector agrícola, representado por el café, la reducción en las toneladas de DBO_5 es consecuencia del cambio en el proceso de beneficio del café, el cual se hace usando menos agua.

Figura 3. Toneladas de DBO_5 vertidas en la cuenca alta del río Cauca.

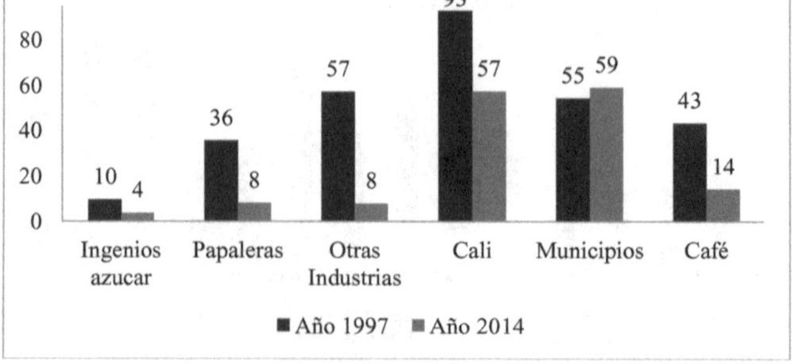

Fuente: Cálculos propios con base en los datos suministrados por la CVC (2014).

4. Análisis Econométrico.

4.1. Metodología.

Para estudiar la evolución de la calidad del agua, se pueden utilizar diferentes tipos de indicadores y modelos. Generalmente se usan índices de calidad y contaminación, los cuales permiten sintetizar en un número diferentes variables representativas para definir el grado de calidad de un cuerpo de agua. En Colombia los índices de contaminación del agua fueron desarrollados por Ramírez et al. (1998) usando el Análisis de Componentes Principales (ACP). En la cuenca alta del río Cauca, la autoridad ambiental, CVC, ha construido diferentes índices de calidad y de contaminación del agua para varios ríos del departamento del Valle del Cauca desde el año 2005. No obstante, según Fernández et al. (2008) los índices de contaminación presentan una ventaja respecto a los índices de calidad del agua ya que desagregan los tipos de contaminación.

En este ensayo, se estudia el comportamiento de la contaminación del río Cauca usando siete variables consideradas individualmente como indicadores de los niveles de contaminación. En concreto, se analiza el comportamiento promedio anual de la Demanda Bioquímica de Oxígeno (DBO_5), la Demanda Química de Oxígeno (DQO), el Oxígeno Disuelto (OD), los sólidos suspendidos (ss), los coliformes fecales (colf), el nitrógeno (nit) y el fósforo (fos). La elección de estas variables se justifica porque tienen la capacidad de reflejar diferentes formas y fuentes de contaminación del agua.

Parámetros como la DBO_5 y el OD son usados para cuantificar la presencia de materia orgánica en el agua. Este tipo de materia generalmente procede de aguas residuales domésticas e industriales. Para su degradación es necesaria la presencia de oxigeno (CVC-Univalle, 2007). La concentración de DBO_5 en fuentes de agua superficiales no contaminadas presenta valores inferiores a 2.0 mg/litro (Unesco, 1996). Por su parte, el OD en niveles de 4 mg/litro o más garantizan la vida de los peces y otros seres vivos. Cuanto más bajo es el nivel de este parámetro, mayor es la contaminación (Unesco, 1996.) La DQO mide el oxígeno requerido para oxidar químicamente la materia orgánica e inorgánica. En condiciones naturales, la concentración de este parámetro en aguas superficiales es inferior a 20 mg/litro (Unesco, 1996).

Los sólidos suspendidos reflejan tanto las condiciones físicas naturales de la cuenca como la contaminación proveniente de la agricultura, la deforestación y los vertimientos industriales. El valor típico en aguas superficiales es de 110 mg/litro (Faure, 1992). La presencia de coliformes fecales[18] en el agua es un indicador de contaminación fecal y, por lo tanto, de la presencia de organismos patógenos en el agua. Su principal fuente son las aguas residuales domésticas. De acuerdo con la Agencia de Protección Ambiental de los Estados Unidos no hay un número estándar para los coliformes totales y fecales en cuerpos superficiales de agua como los ríos. Finalmente, el nitrógeno y el fósforo reflejan la contaminación proveniente del agua de la escorrentía agrícola y también de las aguas residuales domésticas con alto contenido de detergentes las cuales contienen fósforo. Los valores típicos en aguas superficiales no contaminadas son menores a 1 mg/litro en el caso del nitrógeno y entre 0.05 y 0.20 mg/litro para el fósforo (Unesco, 1996).

Para estimar los efectos de la tasa retributiva y la regulación del caudal sobre la contaminación del río Cauca, estimo un modelo log-lineal de la forma:

$$Y_{\mathrm{it}} = \beta_0 + \beta_1 t_t + \beta_2 Dummy + \beta_3 t_t{*}Dummy + \delta_n Z_{\mathrm{nt}} + \varepsilon_{\mathrm{t}} \qquad (3.1)$$

Donde Y_{t} es el logaritmo del valor promedio anual del parámetro i de contaminación del agua en el período t. La variable *Dummy* toma el valor 1 después de 1998 y 0 en otro caso. Con esta variable dicotómica se pretende reflejar el antes y el después de la introducción de la tasa retributiva[19]. Por su parte t es la tendencia que toma valores t [1, 2…T] para el período de tiempo que va de 1985 al 2013. Z_{it} representa las variables de control. En este caso se toma el caudal del río en la estación de monitoreo respectiva como variable de control[20]. Finalmente ε_{t} es el error aleatorio. Por tratarse de un modelo

[18] La unidad de medida de este parámetro es NMP/100 ml. Es decir Numero Más Probable en una muestra de 100 mililitros de agua.

[19] Es probable que exista cierto grado de endogeneidad entre los indicadores de la contaminación y la dummy que refleja el cobro de la tasa retributiva. Por lo tanto, los resultados que se obtienen de las estimaciones pueden tener algún sesgo y deben interpretarse con cautela. Estas cuestiones se abordaran en profundidad en la investigación futura.

[20] Otras variables de control son la producción industrial y agrícola, la población. No obstante, no hay datos disponibles de estas variables para cada punto o estación de monitoreo.

donde la variable dependiente está en forma logarítmica y las variables explicativas en la forma lineal, el coeficiente de la pendiente de una variable explicativa representa una semielasticidad. Sin embargo, cuando la variable explicativa es dicótoma y la variable dependiente está en logaritmo natural, se debe utilizar la fórmula propuesta por Gujarati (2010, p.314) para calcular el cambio en términos porcentuales.

$$(e^{\widehat{\beta}_{Dummy}} - 1) * 100 \tag{3.2}$$

Desde el punto de vista analítico puede considerarse que las series temporales están constituidas por tres componentes: tendencia, estacionalidad y componente residual (Khandker et al. 2009). La estacionalidad suele presentarse en series de tiempo de frecuencia horaria, diaria, mensual, trimestral o semestral. Dado que los datos son de frecuencia anual, no se analiza el componente estacional en este caso. Una de las ventajas de estimar la ecuación (3.1) es que se puede diferenciar claramente si se producen cambios entre un período y otro. A diferencia de la prueba de Chow, este tipo de modelo permite determinar si cambian las pendientes, los interceptos o ambos conjuntamente. El impacto de la intervención se estima a partir del parámetro β_2, que se interpreta como el cambio, en la media, de la variable de interés en el periodo postintervención respecto al período preintervención, independientemente de que haya tendencia o estacionalidad en la serie. (López et al. 2011.) Por su parte, el parámetro β_3 permite diferenciar entre la tendencia en los dos períodos, mientras que β_1 indica si la variable que mide los niveles de contaminación tiene tendencia (Gujarati, 2010 p. 287). Las estimaciones se realizaron mediante el método de Mínimos Cuadrados Ordinarios.

Para cada una de las 4 estaciones de monitoreo seleccionadas se estima el comportamiento de los 7 parámetros considerados indicadores de la contaminación del agua. La elección se justifica porque la ubicación de estas estaciones a lo largo del río permite tener en cuenta el comportamiento de la contaminación a través del espacio. La estación de monitoreo E_5 se encuentra ubicada en el departamento del Cauca, en el límite con el departamento del Valle del Cauca. De esta manera se puede analizar el cambio y el comportamiento de la contaminación aguas arriba del departamento del Valle del Cauca. La E_8, por su parte, está cerca de la ciudad de Cali. En este sector es donde se presentan los niveles más altos de contaminación por las descargas de las aguas residuales de la ciudad y el sector industrial. De otro lado, las estaciones de monitoreo E_{14} y E_{18} están en el centro y sur del departamento del Valle. Estos puntos permiten observar el comportamiento de la contaminación aguas abajo, en sectores en los cuales predomina la agricultura y el río tiene un mayor caudal. De igual forma, el análisis espacial de la contaminación se hace con referencia a la distancia entre cada estación de monitoreo y la represa la Salvajina. La idea es tener en cuenta el efecto de la regulación del caudal en la contaminación aguas abajo. Se espera que las estaciones más próximas a la represa presenten menores niveles de contaminación. Igualmente, se compara la contaminación promedio entre el periodo 1980-1984[21] sin represa con el periodo 1985-2013 con represa.

4.2 Descripción de los Datos.

Usando la base de datos suministrada por la Corporación Autónoma del Valle del Cauca, se analiza el comportamiento de 7 parámetros que indican el nivel de contaminación del agua del río Cauca en 4 estaciones de monitoreo diferentes. Una primera aproximación al comportamiento de las variables descritas antes se hace al representar los datos para diferentes períodos de tiempo y comparar diferentes estaciones de monitoreo. En la Gráfica 1 del Anexo, se observa que la DBO_5 tiene una tendencia creciente a medida que el río recorre el departamento del Valle de Cauca tanto en el periodo de tiempo con represa como en el periodo sin represa. No obstante, se puede ver que después de la estación de monitoreo E_7 el valor promedio de la DBO_5 es mayor para el periodo con represa. Entretanto, el comportamiento de DBO_5 antes y después de la implementación de la tasa retributiva es similar. Gráficamente no se observa un impacto de la regulación. Cuando se compara el comportamiento de este mismo parámetro entre diferentes estaciones a lo largo del tiempo, se observa que su nivel en la estación E_1 es más bajo, en casi todos los años, frente a las otras dos estaciones. La E_{18} tiene el mayor nivel de DBO_5 y también muestra una mayor variación. Esta estación, ubicada al final del recorrido del río por el departamento del Valle del Cauca, refleja una mayor contaminación.

[21] Para el período 1980-1984 sólo se tiene información de los parámetros DBO_5, DQO, OD, SS.

Al analizar las Gráficas del parámetro DQO, se puede ver que al igual que en el caso anterior su nivel aumenta a medida que el río recorre los dos departamentos. Sin embargo, este parámetro tiene un nivel promedio menor en el período con la represa en funcionamiento. Igualmente, se observa un menor valor promedio para todas las estaciones de monitoreo antes y después de la aplicación de la política de control de la contaminación basada en el cobro de la tasa retributiva. Al comparar la DQO entre diferentes estaciones, se ve un menor nivel de contaminación en E_1. En esta estación los valores de este parámetro están en los niveles estándar para aguas superficiales no contaminadas, sobre todo después de 1997. En cuanto a las otras dos estaciones se observa un menor nivel y variación después de 1996, aproximadamente.

En la Gráfica 3 se observan los tres paneles que ilustran el comportamiento del OD. En la parte a, se ve cómo el nivel de OD es ligeramente inferior en la mayoría de las estaciones después de la entrada en funcionamiento de la represa la Salvajina. Al pasar por el departamento del Cauca el agua tiene niveles que están por encima de los valores necesarios para preservar la biodiversidad, pero cuando pasa por las estaciones ubicadas al norte del Valle del Cauca, los niveles de OD son significativamente bajos. En el panel b, se observa que el nivel promedio de este parámetro es prácticamente igual para los períodos antes y después del cobro del impuesto por contaminar. Al contrario de lo que sucede con los dos parámetros analizados antes, en este caso los niveles más altos de OD están en la estación E_8 y no en la estación E_1 como se esperaría, dada la mayor contaminación que se presenta cerca de la ciudad de Cali donde está ubicada la E_8.

En cuanto a los sólidos suspendidos se observa un mayor nivel promedio en todas las estaciones en el periodo antes de la construcción de la represa la Salvajina. Este comportamiento refleja el efecto sedimentador que puede generar la construcción de una represa. Entretanto, lo que se observa entre los períodos antes y después del cobro de la tasa retributiva, es un aumento en el valor de este parámetro. Al final en la Gráfica 4, parte c, se ve claramente que los sólidos suspendidos son mucho más abundantes en las estaciones E_8 y E_{18} que en la estación E_1.

En la Gráfica 5, parte a, se nota una contaminación significativa por coliformes fecales entre las estaciones E_6 y E_{12} antes y después del año 1998. En este sector, el río recibe las aguas residuales de los sectores residencial e industrial del Valle del Cauca. En la parte b, a su vez, se nota que en la estación E_8 es donde se presenta el mayor nivel de coliformes fecales. Esta estación está ubicada cerca de la ciudad de Cali, por eso esta variable refleja el impacto de la ciudad y su área metropolitana.

Finalmente, en las Gráficas 6 y 7 se observa el comportamiento del nitrógeno y el Fósforo. En el caso del nitrógeno, se percibe que los niveles promedio son menores en el período antes de la aplicación del cobro de la tasa retributiva. De igual forma, se observa la tendencia creciente de este tipo de contaminante a medida que el río pasa por el Valle del Cauca. En la comparación por estaciones, no se distingue una diferencia clara de los niveles de nitrógeno entre los tres puntos de referencia. En cuanto a los niveles de fósforo, no se identifica de forma clara si existen diferencias importantes entre los dos períodos. Lo que sí se hace evidente es el aumento de los niveles de fósforo a lo largo de las diferentes estaciones. Cuando se compara entre diferentes puntos a lo largo del río se nota que los mayores niveles de este parámetro se encuentran en las estaciones E_8 y E_{18}.

Por último, analizo la relación entre la regulación del caudal del río, la producción de caña y la generación de energía hidroeléctrica. Es interesante observar el papel que juega el uso multipropósito del agua en el control de la contaminación. En la Gráfica 8, panel a, se observa que el aumento del área cultivada de caña de azúcar en el Valle del Cauca coincide con la entrada en operación de la represa la Salvajina en 1985. Probablemente este efecto sea producto de la reducción de las inundaciones en la zona plana del Valle del Cauca en épocas de invierno. Si bien el comportamiento del caudal del río en la estación E_8 no muestra un comportamiento diferencial, antes y después de la construcción de la represa la Salvajina, sí parece clara la influencia de la represa en el aumento del área cultivada de caña de azúcar en este departamento.

En el panel b, por su parte, se observa la relación entre el caudal en la estación E_8 y la producción de energía hidroeléctrica. La correlación entre las dos variables es del 86,56%. Lo que se espera es que al producir más energía hidroeléctrica se libere más agua, lo cual aumenta el caudal aguas abajo. Lo contrario sucede cuando la producción de energía disminuye. La importancia del comportamiento del caudal del río en esta estación de monitoreo se debe a que es la más próxima a la ciudad de Cali y es objeto de referencia para el control de la contaminación que afecta la calidad del agua para consumo humano. Uno de los retos que tiene la autoridad ambiental regional es lograr que el operador privado de la represa la Salvajina, cumpla con la regulación del caudal en las diferentes condiciones climáticas. Para contribuir al alivio de la contaminación en la ciudad de Cali, se debe asegurar un caudal mínimo de 130 m3/s en la estación E_8 (CVC, 2007).

4.3. Análisis de resultados de las regresiones.

En esta sección se presentan los resultados de las estimaciones del modelo log-lineal que permite determinar el efecto de la política de control de la contaminación basada en el cobro del impuesto por contaminación denominado tasa retributiva. Es importante aclarar que para los cuatro primeros parámetros de cada tabla se tiene información desde 1985 hasta 2013. Para los coliformes fecales, en cambio, los datos disponibles van de 1987 hasta el año 2013 y para el nitrógeno y el fósforo, se tiene información disponible sólo para el periodo 1990-2013.

De acuerdo con los resultados de la Tabla 1, sólo el parámetro DQO presenta un cambio, en la media, estadísticamente significativo[22] en todo el Valle del Cauca después de la implementación de la tasa retributiva. El coeficiente que acompaña a la variable *Dummy*98 indica que, en promedio, la contaminación por DQO y nitrógeno disminuye después de 1998 en la estación E_5. Los cálculos, en términos porcentuales indican que la media del parámetro DQO es 43.11% más baja en el período 1998-2013 mientras que para el nitrógeno la media es un 46.10% menor. La magnitud en la cual disminuyen estas dos variables es relativamente alta. Este resultado permite intuir que el cobro de la tasa retributiva generó un cambio de comportamiento en los sectores que son objeto de este cobro en esta zona. De igual forma se nota que la variable lnDQO presenta un cambio de tendencia estadísticamente significativo. El cálculo del cambio en la pendiente, en términos porcentuales, muestra que para el período 1998-2013 la DQO disminuye a una tasa del 4.59% al año. El cambio en este indicador de la contaminación podría explicarse por la disminución de la descarga de sustancias contaminantes del sector industrial en el departamento del Cauca después de iniciarse el

---

[22] Este ensayo sólo se consideran los niveles de significancia del 1 y el 5%.

cobro de la tasa retributiva en 1998. De otro lado, el impacto en el nivel de nitrógeno, parece ser permanente, ya que cambia la media, mientras que el cambio en la pendiente no es estadísticamente significativo. La reducción en la contaminación por nitrógeno en esta zona del río, refleja el cambio en las prácticas agrícolas menos intensivas y basadas en cultivos con menores requerimientos de abonos y fertilizantes.

Tabla 1. Comportamiento de la contaminación en la estación E_5 entre 1985-2013.

	$\ln DBO_5$	**lnDQO**	**lnOD**	**lnSS**	**lnColF**	**lnNit**	**lnFos**
LnCaudal	0.352	-0.071	0.039	0.566	1.300	0.489	0.214
	[0.218]	[0.695]	[0.651]	[0.133]	[0.443]	[0.081]	[0.741]
Tendencia	0.006	0.036	-0.021	0.007	-0.297	0.079	-0.052
	[0.803]	[0.031]	[0.009]	[0.839]	[0.123]	[0.090]	[0.629]
Dummy98	-0.424	-0.564	0.119	-0.121	-0.215	-0.618	-0.254
	[0.092]	[0.001]	[0.122]	[0.706]	[0.884]	[0.014]	[0.648]
Dummy98*t	0.020	-0.047	0.028	0.009	0.196	-0.020	0.121
	[0.519]	[0.026]	[0.007]	[0.835]	[0.378]	[0.676]	[0.306]
Constante	-1.245	3.162	1.712	1.307	6.759	-2.552	-3.223
	[0.402]	[0.003]	[0.001]	[0.500]	[0.443]	[0.078]	[0.340]
R^2	0.16	0.62	0.33	0.12	0.34	0.56	0.18
Estadistico F	1.12	10.37	2.90	0.98	2.86	6.07	1.01
Prob > F	0.37	0.00	0.04	0.44	0.05	0.00	0.43
N	29	29	29	29	27	24	24

Nota: valor-*p* entre corchetes.

En el caso del lnOD, se produce un cambio sólo en la pendiente después de iniciarse el cobro de la tasa retributiva. El coeficiente de la variable de interacción Dummy98*t indica que los niveles de OD aumentan a una tasa de 2.84% al año después de 1998. Este comportamiento refleja una menor contaminación del agua en esta zona. Si bien el cambio porcentual no es alto, de mantenerse la tendencia en el tiempo se lograrían reducciones significativas de la contaminación a mediano plazo. De otro lado se puede ver que en la estación (E_5), el caudal del río no es determinante en el comportamiento de los diferentes parámetros analizados. En general, los resultados anteriores muestran el efecto parcial de la aplicación de la tasa retributiva sobre los niveles de contaminación en este sector del río. Sólo tres parámetros muestran una disminución de la contaminación después de iniciarse el cobro de la tasa retributiva.

En la Tabla 2, se presentan los modelos estimados con los datos de la estación E_8 (Juanchito). En este caso sólo la media del parámetro lnDQO cambia significativamente después de 1998. En términos porcentuales, la media es menor en un 64.26 en el periodo en el cual se cobra la tasa retributiva. La disminución de la contaminación en este caso es alta y refleja un cambio estructural. De nuevo, este resultado podría explicarse por la mayor disminución de la contaminación en el sector industrial después de la aplicación de las tasas retributivas.

Tabla 2. Comportamiento de la contaminación en la estación E_8 entre 1985-2013.

	lnDBO$_5$	**lnDQO**	**lnOD**	**lnSS**	**lnColF**	**lnNit**	**lnFos**
LnCaudal	-0.204	0.172	0.237	0.427	-0.448	0.327	0.595
	[0.369]	[0.413]	[0.001]	[0.162]	[0.819]	[0.249]	[0.246]
Tendencia	0.031	0.047	-0.009	0.003	-0.028	0.048	-0.043
	[0.156]	[0.025]	[0.158]	[0.930]	[0.905]	[0.364]	[0.651]
Dummy98	-0.047	-1.029	0.062	-0.465	0.813	-0.428	-0.764
	[0.826]	[0.000]	[0.316]	[0.108]	[0.666]	[0.125]	[0.130]
Dummy98*t	-0.017	-0.014	0.004	0.041	-0.210	-0.014	0.110
	[0.521]	[0.567]	[0.578]	[0.245]	[0.434]	[0.797]	[0.259]
Constante	1.712	1.988	0.387	2.562	18.24	-1.340	-4.666
	[0.177]	[0.093]	[0.286]	[0.129]	[0.098]	[0.373]	[0.094]
R^2	0.24	0.59	0.38	0.27	0.22	0.33	0.32
Estadistico F	1.85	8.44	3.69	2.21	1.51	2.37	2.25
Prob > F	0.15	0.00	0.38	0.10	0.23	0.09	0.10
N	29	29	29	29	27	24	24

Nota: valor-*p* entre corchetes.

Por su parte, el caudal del río explica parte de la variación del lnOD. Como era de esperarse, una mayor cantidad de agua aumenta la capacidad de dilución del río y por tanto la cantidad de oxígeno disuelto en el agua. El hecho de que la mayoría de los parámetros no presente cambios estadísticamente significativos después de la implementación del impuesto por contaminación muestra que esta política no tiene un impacto relevante en determinadas zonas. En la estación E_8, el río recibe parte de las aguas residuales de la ciudad de Cali y su área metropolitana. Aunque la carga contaminante vertida por la ciudad, medida en términos de DBO_5, ha disminuido (ver Figura 3), sigue siendo una cantidad relativamente alta. De esta manera la ciudad de Cali no sólo se ve afectada por la contaminación proveniente de los sectores aguas arriba, sino que es también un sector generador de contaminación importante.

En cuanto a la estación E_{14}, los resultados de las estimaciones, presentados en la Tabla 3, muestran que ninguno de los parámetros presenta cambios estadísticamente significativos después de 1998. Para niveles de significancia del 1 y 5% no existe evidencia estadística de cambios en los interceptos o en las pendientes en los diferentes índices de contaminación después de implementarse la política de cobro de la tasa retributiva por las descargas de DBO_5 y SST. A medida que el río recorre el departamento del Valle del Cauca, la contaminación aumenta, tal como se observa en las gráficas del anexo. En su recorrido de sur a norte, el río Cauca recibe las aguas de los ríos tributarios que aportan las cargas contaminantes de los municipios y en general de las diferentes actividades productivas del departamento del Valle del Cauca. En este tramo del río todos los parámetros en estudio presentan valores superiores a los niveles esperados para aguas no contaminadas. Por ejemplo, el nivel promedio de DBO_5 era de 4.68 ml/litro entre 1985-1997 y de 4.75 ml/litro entre 1998-2013. Por su parte, la DQO era de 32.12 ml/litro en el periodo 1985-1997 y de 28.15 ml/litro entre los años 1998-2013. Los niveles de OD varían de 1.5 ml/litro entre 1985-1997 a 1.9 ml/litro después de 1998. Los sólidos suspendidos fueron de 184 mg/litro antes de 1998 y de 204 mg/litro después de 1998. Así sucesivamente para los demás parámetros en estudio.

De nuevo el caudal es la variable explicativa que es estadísticamente significativa en el caso de los parámetros lnOD y lnSS. El signo positivo de los coeficientes estimados, confirma la relación directa entre un mayor nivel del caudal y el aumento del oxígeno disuelto y de la cantidad de sólidos suspendidos. En el primer caso, favorece la capacidad de dilución del agua, pero en el segundo aumenta la cantidad de material particulado. De esta manera, el efecto final refleja la disminución de la contaminación por materia orgánica, pero un aumento de la contaminación por sólidos suspendidos.

Tabla 3. Comportamiento de la contaminación en la estación E_{14} entre 1985-2013.

	$lnDBO_5$	lnDQO	lnOD	lnSS	lnColF	lnNit	lnFos
LnCaudal	-0.342	-0.327	0.889	0.871	1.129	-0.105	-0.071
	[0.216]	[0.210]	[0.000]	[0.017]	[0.466]	[0.565]	[0.849]
Tendencia	0.065	-0.008	0.001	0.024	-0.080	0.055	0.070
	[0.025]	[0.765]	[0.971]	[0.481]	[0.682]	[0.139]	[0.345]
Dummy98	-0.350	-0.512	0.034	-0.417	2.131	-0.329	-0.699
	[0.205]	[0.054]	[0.848]	[0.228]	[0.181]	[0.094]	[0.083]
Dummy98*t	-0.060	0.051	0.005	0.001	-0.286	-0.037	-0.014
	[0.085]	[0.118]	[0.827]	[0.994]	[0.205]	[0.329]	[0.852]
Constante	2.945	5.370	-4.670	0.043	9.474	1.321	-1.286
	[0.066]	[0.001]	[0.000]	[0.982]	[0.279]	[0.196]	[0.531]
R^2	0.23	0.28	0.56	0.28	0.39	0.18	0.24
Estadistico F	1.76	2.35	7.48	2.36	3.49	1.07	1.49
Prob > F	0.17	0.08	0.00	0.08	0.02	0.40	0.25
N	29	29	29	29	27	24	24

Nota: valor-*p* entre corchetes.

Por último, analizo el comportamiento de los diferentes parámetros índices de la contaminación del río Cauca en la estación E_{18}. En la Tabla 4, se puede ver que la media de las variables lnDQO, lnNit y lnFos cambia significativamente en el período 1998-2013 en comparación con 1985-1997. La contaminación media por DQO cae un 58.40% después de 1998. En cuanto a la media de los parámetros nitrógeno y fósforo disminuye de un período a otro 34.56% y 56.09% respectivamente. Este comportamiento refleja el impacto positivo de la aplicación de la tasa retributiva en la reducción de la contaminación en este sector. Probablemente la menor cantidad de empresas y habitantes facilitan el monitoreo y control de las descargas de aguas residuales en esta parte del río.

La variable DBO_5 cambia de tendencia de forma significativa en esta estación. A partir del año 1998 este parámetro disminuye 0.126 mg/litro al año. Finalmente se puede notar la influencia que tiene el caudal en los parámetros lnOD, lnSS y lnNit. Los coeficientes asociados a estas variables son positivos y estadísticamente diferentes de cero. Dado que las variables están en logaritmo natural, se interpretan en términos porcentuales. Por lo tanto, un aumento del 1% en el caudal incrementa un 0.23% el oxígeno disuelto, 0.895% los sólidos suspendidos y 0.333% la cantidad de nitrógeno en el agua del río Cauca en la estación de monitoreo E_{18}.

Tabla 4. Comportamiento la contaminación en la estación E_{18} entre 1985-2013.

	$lnDBO_5$	lnDQO	lnOD	lnSS	lnColF	lnNit	lnFos
LnCaudal	-0.013 [0.958]	0.086 [0.708]	0.230 [0.018]	0.905 [0.021]	0.779 [0.427]	0.333 [0.039]	-0.140 [0.701]
Tendencia	0.101 [0.001]	0.005 [0.824]	-0.001 [0.898]	0.020 [0.610]	-0.178 [0.185]	0.060 [0.073]	0.029 [0.704]
Dummy98	-0.250 [0.345]	-0.877 [0.001]	-0.138 [0.165]	-0.400 [0.315]	-0.859 [0.418]	-0.424 [0.018]	-0.823 [0.050]
Dummy98*t	-0.117 [0.001]	0.034 [0.267]	0.015 [0.229]	0.003 [0.944]	0.078 [0.606]	-0.030 [0.376]	0.025 [0.751]
Constante	0.429 [0.767]	3.063 [0.031]	-0.277 [0.609]	-0.027 [0.990]	9.794 [0.093]	-1.566 [0.080]	-0.521 [0.800]
R^2	0.44	0.48	0.33	0.25	0.54	0.55	0.26
Estadistico F	4.64	5.49	2.91	2.00	6.42	5.86	1.62
Prob > F	0.01	0.00	0.04	0.13	0.00	0.00	0.21
N	29	29	29	29	27	24	24

Nota: valor-*p* entre corchetes.

En cuanto a la magnitud en la cual varían los sólidos suspendidos es relativamente alta en comparación con los cambios en los otros dos parámetros. Este resultado corresponde a lo esperado. Al final del recorrido por el departamento del Valle del Cauca, el río Cauca tiene un mayor caudal, lo cual facilita la dilución de la carga contaminante proveniente de los centros poblados y por lo tanto aumenta el nivel de oxígeno disuelto en el agua, pero a la vez recibe una mayor carga de sustancias contaminantes de las zonas agrícolas predominantes en esta zona. Los sólidos suspendidos aumentan con el nivel del caudal, a causa de la erosión del suelo producida por la deforestación y la producción agrícola próxima al lecho del río. La relación positiva y estadísticamente significativa entre el caudal y el nitrógeno en esta estación puede explicarse por la escorrentía proveniente de los cultivos de caña de azúcar ubicados a lo largo del valle geográfico del río.

En resumen, los resultados de los modelos estimados indican que la incidencia del cobro de la tasa retributiva y la regulación del caudal es diferente en cada estación de monitoreo. La DQO fue el único parámetro que presento una reducción significativa a lo largo de las diferentes estaciones después de 1998. Este comportamiento refleja la incidencia de la política de cobro de la tasa retributiva sobre el nivel de esta variable. Entretanto, los parámetros DBO_5, OD, SS y coliformes fecales no presentan un cambio estadísticamente significativo después de la implementación de la tasa retributiva en ninguna de las estaciones analizadas. Por su parte, el caudal es la variable que explica un mayor nivel de OD, SS y del nitrógeno en algunas estaciones de monitoreo. En cuanto al nitrógeno encuentro que presenta una disminución significativa, estadísticamente, en las estaciones E_5 y E_{18} después de 1998. De otro lado, el parámetro fósforo, presenta una disminución significativa, en términos estadísticos, a partir del cobro de la tasa retributiva en la estación de monitoreo E_{18} y en ninguna de las estaciones su nivel es explicado por el caudal.

La contaminación persistente del río Cauca en la parte alta se explica, entre otras razones, por la presencia de múltiples actores a lo largo del río que realizan actividades que no son objeto del cobro del impuesto por contaminación. La minería ilegal e informal vierte sustancias contaminantes difíciles de cuantificar y de controlar. Adicionalmente, la deforestación y el uso inadecuado del suelo aumentan la erosión de las laderas y de las orillas del río. De igual forma, la creciente contaminación del agua, es producto del crecimiento de zonas urbanas marginales en la periferia de la ciudad de Cali que carecen de infraestructura de servicios públicos. La descarga de aguas residuales de este tipo de barrios informales y de diferentes municipios ubicados a lo largo del río contribuye a la contaminación.

5. Propuestas de políticas públicas y reformas institucionales.

Los resultados presentados en la sección anterior muestran que las políticas de control de la contaminación aplicadas en la cuenca alta del río Cauca producen resultados heterogéneos. En este caso de estudio, se observa que el cobro de la tasa retributiva junto con los límites a los vertimientos de sustancias contaminantes no han logrado una reducción de la contaminación asociada a parámetros como los coliformes fecales, los sólidos suspendidos y la Demanda Biológica de Oxígeno en las diferentes estaciones analizadas. Por lo tanto, en este apartado presento algunas de las causas que podrían explicar, en parte, la persistencia de la contaminación del agua del río Cauca a su paso por los departamentos del Cauca y Valle del Cauca, y realizo algunas propuestas de reforma. Para ello se analizan aspectos como el funcionamiento institucional, el esquema regulatorio, la capacidad de gobierno, el desarrollo tecnológico y la participación ciudadana.

El uso de instrumentos económicos como el cobro de un impuesto por vertimientos o subvenciones por la disminución de la contaminación del agua, es frecuente en Europa y Estados Unidos. En los países en desarrollo la política ambiental aplicada para el control de la contaminación hídrica es menos efectiva debido a las restricciones de tipo institucional, político y presupuestal, entre otros (Galarza, 2009). La implementación de diferentes políticas para disminuir la contaminación mejora el bienestar al permitir disfrutar de una mayor calidad ambiental. No obstante, la evidencia empírica muestra que la existencia de grupos de interés, la visión de corto plazo de los gobernantes y las diferentes formas de gobierno influyen en los resultados de la política ambiental (Bernauer et al. 2004, Congelton, 1992, Olson, 1982). De igual forma, Houba et al. (2013) muestran que se pueden lograr significativas ganancias en el bienestar al gestionar de forma conjunta los recursos hídricos a lo largo de una cuenca. En resumen, argumentan que la ausencia de una gestión conjunta en toda la cuenca es económicamente ineficiente debido a que no se internalizan los factores externos. No obstante, existen problemas como las asimetrías de poder y negociación entre los grupos de interés y una débil gobernabilidad por parte del ente regulador que dificulta la gestión conjunta del agua a lo largo de un río.

En el caso de la cuenca en estudio, existen fallas en la coordinación entre los diferentes entes encargados de la gestión del agua. Las instituciones que hacen parte del sistema nacional ambiental y que deben tomar decisiones relacionadas con el manejo de la cuenca alta del río Cauca carecen de coordinación y consenso en la aplicación de las políticas de control de la contaminación. Los intereses y capacidades diferentes obstaculizan la implementación de las políticas de forma eficiente. Aunque el Ministerio del Medio Ambiente cuenta con un representante en el consejo directivo de cada una de las Corporaciones Autónomas Regionales, su capacidad para ejercer un control efectivo en la planeación y funcionamiento de las CAR es limitado. Los directores generales de las CAR suelen tener un mayor poder regional frente a los delegados del gobierno central. De esta forma cada agente realiza su plan de acción con base en su interpretación subjetiva del Plan Ambiental Nacional, adaptándolo según sus propias necesidades e intereses regionales.

La carencia de liderazgo por parte del Ministerio de Medio Ambiente lleva a la duplicación de esfuerzos y al aumento de los costos de operación. Las CAR actúan individualmente y no como parte de un sistema. Adicionalmente, el Ministerio de Medio Ambiente no cuenta con información suficiente para evaluar el desempeño y el impacto de las políticas aplicadas por las CAR. Las asimetrías de información entre el Ministerio del Medio Ambiente y las CAR dificultan la coordinación de las políticas para el manejo de la calidad ambiental a nivel regional. (Sánchez-Triana, 2007.)

En la zona objeto de estudio, también existen dificultades en la coordinación de las acciones para controlar la contaminación que involucran a las alcaldías, la CRC, la CVC, el DAGMA, las empresas de servicios públicos de la ciudad del Cali- EMCALI- y las demás empresas de carácter regional y municipal que prestan los servicios de acueducto y alcantarillado a lo largo de la cuenca. Las mesas de trabajo no han mostrado resultados eficaces en la elaboración de los planes conjuntos de ordenamiento y manejo de las cuencas, desarrollo de proyectos de saneamiento básico y planes de ordenamiento territorial. Además, al no considerarse la cuenca como la unidad de gestión, se limita el manejo integral de los recursos hídricos y se produce una dispersión de las funciones de los entes que hacen parte de la cuenca alta del río Cauca. Dourojeanni & Jouravlev (2002) argumentan que en diferentes países de América Latina la sectorización en el manejo de los recursos hídricos o la fragmentación de las competencias limitan la posibilidad de promover el uso múltiple del agua, optimizar su aprovechamiento, minimizar conflictos y abordar las tareas que afectan al conjunto de usuarios del agua.

En cuanto al esquema regulatorio, identifico diferentes problemas relacionados con la política de control de la contaminación vigente en Colombia. El primero tiene que ver con el hecho de que la regulación de la contaminación hídrica se centre fundamentalmente en las fuentes fijas. La contaminación de origen no puntual es otro factor importante que afecta a la calidad del agua en el alto Cauca. En el caso del departamento del Valle del Cauca, por ejemplo, la producción intensiva de caña de azúcar genera efluentes que se caracterizan por el alto contenido de fertilizantes, herbicidas, madurantes y pesticidas. De acuerdo con los resultados presentados en la sección anterior, el nitrógeno aumenta en la E_{18} a medida que aumenta el caudal. La escorrentía proveniente de la agricultura hace que aumenten los niveles de nitrógeno en el río por encima de los límites considerados normales para aguas no contaminadas.

De igual forma los usos inadecuados del suelo y las malas prácticas agropecuarias, causan una erosión significativa que ha sido estimada en el 40 % del área de la cuenca. Además CVC et al. 2014 calculan que se produce un promedio de remoción de 50 Tn/ha/año de suelos en el valle geográfico del río Cauca. Este sedimento, en gran parte, va a las corrientes superficiales, con el doble impacto de disminución de la productividad del suelo y el aumento de la contaminación hídrica. En el anexo, se puede observar gráficamente el aumento significativo del nivel de nitrógeno en el agua del río Cauca entre las estaciones de monitoreo E_4 y E_{14} reflejando el efecto de la contaminación difusa en la cuenca. De igual forma, la extracción de materiales de arrastre del lecho del río, la deforestación y la ganadería en las zonas forestales, producen contaminación hídrica que no es objeto de regulación, pero que genera un impacto negativo en los cuerpos de agua. En general estos impactos se observan en los niveles de sólidos suspendidos que son positivos y estadísticamente significativos a medida que aumenta el caudal en las estaciones de monitoreo E_{14} y E_{18}.

Otro aspecto de la regulación que puede explicar la escasa disminución de la contaminación tiene que ver con el valor fijado por unidad de contaminación. Las tasas que se cobran por cada kilogramo de Demanda Bioquímica de Oxigeno (DBO_5) y de

Sólidos Suspendidos Totales (SST) no son suficientemente altas como para inducir a todos los agentes contaminantes a reducir sus niveles de contaminación. Gandini et *al.* (2000) calcularon el valor a pagar por concepto de tasa retributiva en un escenario de no tratamiento para un horizonte de 25 años y llevado a valor presente con una tasa de retorno de 12%. Los resultados muestran que son menores los costos asociados al pago del impuesto por contaminar que los costos de descontaminar en un porcentaje del 60% o del 80% como indica la regulación vigente. Las estimaciones realizadas en este caso de estudio, muestran que la contaminación asociada con los parámetros DBO_5 y SS sigue siendo significativa en diferentes zonas del Departamento del Valle del Cauca.

En el tema de la gobernabilidad, por su parte, existen algunas limitaciones que dificultan la aplicación de los mecanismos de control de la contaminación. En primer lugar, existe una incapacidad de las instituciones locales y regionales para hacer cumplir las normas sobre vertimientos de sustancias contaminantes a diferentes municipios y sectores industriales o para controlar los vertimientos clandestinos. Así mismo, se presenta una debilidad institucional para evitar la ocupación de las zonas de protección de las fuentes hídricas. En este caso se destacan los asentamientos humanos de desarrollo incompleto de la ciudad de Cali, los cuales realizan descargas directas de aguas residuales a los cauces impactando los niveles de contaminación. Conforme a los datos de las ecuaciones estimadas, la contaminación por coliformes fecales no presentó cambios estadísticamente significativos después del cobro de la tasa retributiva. Gráficamente se puede ver que los niveles de este parámetro son relativamente altos en diferentes estaciones de monitoreo y a través del tiempo.

De otro lado, considero el desarrollo tecnológico y la participación ciudadana. En el primer caso, hace falta investigación y conocimiento de la contaminación difusa. La carencia de estudios sobre el comportamiento e impacto de este tipo de fuente de contaminación impide aplicar distintas estrategias para enfrentar el problema de la contaminación difusa. Adicionalmente existen carencias importantes en el manejo de la contaminación proveniente de los micro-contaminantes. Estas sustancias requieren formas de tratamiento diferentes a las convencionales e implican un mayor grado de monitoreo y control. Así mismo, falta investigación e inversión en proyectos de mitigación de los efectos de los fenómenos climáticos extremos de lluvias o sequías que son igualmente determinantes en la calidad y disponibilidad de agua.

Por último, considero el papel de la población en la contaminación del río Cauca. Uno de los principales factores identificados por la CVC (2014) es que los ciudadanos no tienen una participación activa en el manejo y veeduría de los recursos hídricos. Generalmente la población tiene una capacidad reducida para organizarse y empoderase en el manejo del territorio y los recursos naturales. Adicionalmente, en los departamentos en estudio la población indígena y negra no es tenida en cuenta en los procesos de planificación y manejo de los cuerpos de agua de sus territorios ancestrales. En Colombia, los grupos étnicos minoritarios han sido marginados y discriminados históricamente. De otra parte, la escasa educación ambiental lleva al desconocimiento de los efectos nocivos que produce la contaminación persistente y sistemática de los recursos hídricos. Igualmente no existe conciencia del papel determinante que tienen las decisiones individuales de las personas que habitan la cuenta alta del río Cauca en los niveles de contaminación.

A partir de los resultados obtenidos en las estimaciones y del análisis preliminar, propongo algunas opciones de política para enfrentar el problema de la contaminación en la cuenca alta del río Cauca. En primer lugar, considero fundamental las alianzas entre los sectores públicos y privados para la construcción de nueva infraestructura para el tratamiento de aguas residuales en los municipios. Este servicio debe considerarse un servicio público que debe ser provisto por el Estado con participación de los sectores contaminantes. Actualmente los agentes que más contaminan como son los hogares y el comercio, no tienen incentivos, por sí solos, para invertir en una infraestructura con unos costos iniciales y hundidos excesivamente altos. El suministro de agua potable y saneamiento básico debe ser un campo para la intervención y acción del Estado. El sector privado encargado de gestionar algunas empresas de servicios públicos en el área de estudio, no encuentra rentable invertir en infraestructura y nuevas tecnologías para reducir la contaminación cuando ofrece los servicios de agua y saneamiento por un tiempo definido bajo la figura de concesión y debe cobrar unas tarifas reguladas. Su preferencia es no invertir en descontaminación, dado que los inversionistas privados tienden a la extracción de rentas en operación de los servicios de agua y saneamiento.

El aporte significativo de contaminación proveniente de las fuentes difusas hace necesario el diseño de mecanismos de control de este tipo de fuente. El cobro de un impuesto de cuantía variable a los usuarios del agua de acuerdo con los niveles de contaminación encontrados en diferentes tramos del río, induciría a quienes contaminan las fuentes de agua por medio de fertilizantes, herbicidas, extracción de materiales de arrastre, minería y ganadería, entre otras, a internalizar parte del costo que generan con sus actividades productivas al contaminar el agua.

El cobro de las tasas retributivas debe considerar diferentes tarifas de acuerdo con el tipo de contaminante vertido. Se debería cobrar impuestos por contaminar de forma diferencial por tipo de sustancia contaminante, de acuerdo con el grado de toxicidad y el daño ambiental potencial sobre los ecosistemas acuáticos y la salud humana. Así mismo, se podría diferenciar según el estado del cuerpo de agua, de tal manera que se cobre una mayor tasa a quienes incumplan con los niveles de descarga establecidos de acuerdo con los estándares de calidad fijados por el regulador. Otro mecanismo que genera incentivos para disminuir la contaminación es la subvención de una parte de las inversiones a los sectores que logren reducir las descargas de sustancias contaminantes a los niveles mínimos tolerables.

La creación de un comité de cuenca permitiría empoderar a los ciudadanos en el manejo del agua. La gestión integral de los recursos hídricos debe considerar a todos los agentes que habitan en la cuenca. De acuerdo con Martin et *al.* (2015), la falta de participación se traduce en la ausencia de compromiso de la ciudadanía con la gestión de los recursos hídricos. De igual forma, argumentan que la eficacia de las políticas de gestión del agua se reduce si los ciudadanos siguen recibiendo las políticas como un límite externo a sus intereses reales. Igualmente la gestión de la información sobre vertimientos, concesiones de agua y pago de tasas retributivas debe ser transparente y de carácter público. De esta manera, los ciudadanos pueden tener información suficiente para evaluar y conocer el manejo de los recursos hídricos y la forma como se invierten los recursos económicos derivados del cobro del impuesto por la contaminación.

6. Conclusiones.

En este ensayo se analiza la evolución de la contaminación del rio Cauca, en la parte alta, usando parámetros como la Demanda Bioquímica de Oxigeno, Demanda Química de Oxigeno, Sólidos Suspendidos, Oxígeno Disuelto, Coliformes Fecales, Nitrógeno y Fosforo. Se estima un modelo log-lineal usando cuatro estaciones de monitoreo con la idea de determinar el efecto del impuesto por contaminación que se cobra desde 1998. Los resultados muestran que sólo la Demanda Química de Oxígeno presentó un cambio significativo después de 1998. Además se encuentra que el caudal es una variable que explica el aumento de los sólidos suspendidos, el nitrógeno y el Oxígeno Disuelto en algunos sectores del río. En general se concluye que la aplicación del impuesto por contaminar ha logrado reducir la descarga de sustancias contaminantes de algunos sectores industriales y residenciales, pero no es suficiente para evitar la degradación de los recursos hídricos en la cuenca alta del río Cauca.

La política ambiental aplicada para el control de la contaminación hídrica es menos efectiva en los países en desarrollo debido a las restricciones de tipo institucional, político y presupuesta. En este caso de estudio se identifican algunos factores que ayudan a explicar la persistencia de la contaminación. Entre ellos están la falta de coordinación institucional, las deficiencias en la gobernabilidad de los recursos naturales, la debilidad institucional, el rezago tecnológico y la falta de educción ambiental de la población.

Entre las limitaciones de este trabajo se destacan están los posibles problemas de endogeneidad y las variables omitidas. Los resultados obtenidos en las estimaciones deben interpretarse con cautela dado que pueden existir problemas de endogeneidad. El cobro de la tasa retributiva es un impuesto se ha implementado buscando reducir los problemas de contaminación de los recursos hídricos. De esta manera puede haber una relación de causalidad entre el impuesto y el nivel de contaminación. De igual forma, la omisión de variables relevantes como la producción industrial y agrícola, la cantidad de habitantes y la cantidad de vertimientos de sustancias contaminantes en cada una de las estaciones de monitoreo evaluadas limita el alcances de la investigación.

Finalmente, considero que sería relevante incluir otros parámetros índices de la contaminación en futuras investigaciones, especialmente aquellos que tienen que ver con la minería como son el mercurio, cromo y plomo. Adicionalmente, es interesante considerar otras variables explicativas dentro de la estimación de los determinantes de la contaminación. De igual forma, la agenda de investigación podría orientarse hacia un análisis comparativo del comportamiento de diferentes índices de contaminación entre regiones con el fin de determinar tendencias y patrones de contaminación.

Bibliografía.

[1] Anderson, T., Leal, D. (2001) *Free Market Environmentalism*, Palgrave, New York. 256 pp.

[2] Bernauer, T., Koubi, V. (2004), "On the political determinants of environmental quality", Working paper. Published by the Center for Comparative and International Studies (CIS) ETH Zurich (Swiss Federal Institute of Technology)

[3] Baumol W., Oates, W. (1971) "The Use of Standards and Prices for Protection of the Environment", *The Swedish Journal of Economics*, 73(1), 42-54.

[4] Blackman, A. (2005) "Colombia´s discharge fee program: incentives for polluters o regulators", *Resources for the feature,* 5(31)

[5] Briseño, S., Chávez, C. (2007), "Programa de tasas retributivas en Colombia: Una evaluación del diseño de fiscalización y su cumplimiento en el caso de Corpochivor", *Ensayos de Economía.* 17, 105-38.

[6] CAEMA (2002) "Evaluación del primer quinquenio de operación de la tasa por contaminación hídrica en Colombia. Instrumentos Económicos y Medio Ambiente", Edición Especial, 2 (4).

[7] Coase, R. (1960) "The problem of social cost", *Journal of Law and Economics*, 3, 1-44.

[8] Congleton, Roger D. (1992) "Political Institutions and Pollution Control," *Review of Economics and Statistics,* 74 (3): 412-421.

[9] Correa, F., De la Ossa, A., Vallejo, Z. (2007) "Regulación ambiental en Colombia: El caso de la tasa retributiva para el control de la contaminación hídrico", *Semestre Económico,* Universidad de Medellín.

[10] Corporación Autónoma Regional del Valle del Cauca (2014) "Investigación sobre recursos hídricos de las cuencas de los ríos Cauca y Dagua", Valle del Cauca.

[11] Corporación Autónoma Regional del Valle del Cauca (2014) "Información de Tasas Retributivas en el departamento del Valle del Cauca", Información Grupo Calidad Ambiental. Cali, Colombia

[12] Corporación Autónoma Regional del Valle del Cauca -Universidad del Valle (2007) "El río Cauca en su valle alto: Un aporte al conocimiento de uno de los ríos más importantes del país" Cali, Colombia.

[13] Corporación Autónoma Regional del Valle del Cauca - Universidad del Valle (2000b) *Proyecto de Modelación del rio Cauca (*PMC), "Caracterización de la calidad del agua del río Cauca y sus tributarios". Fase I. Vol. 6, capítulo 2.

[14] Corporación Autónoma Regional del Valle del Cauca - Universidad del Valle (2000c). *Proyecto de Modelación del Río Cauca* (PMC), "Características generales de la zona de estudio" Fase I. Vol. 1, capítulo 3.

[15] Daly, H. (1973) *Toward a steady-state economy*, San Francisco: W. H. Freeman.

[16] Departamento Nacional de Estadística, DANE. (2014) *Estimación y proyección de población nacional, departamental y municipal total por área entre 1985-2020.*

[17] Dourojeanni, A., Jouravlev, A. (2002) "Evolución de políticas hídricas en América Latina y el Caribe", Comisión Económica para América Latina y el Caribe (CEPAL), LC/L.1826-P, Santiago de Chile.

[18] Duflo, E., Pande, R. (2007) "Dams" The Quarterly Journal of Economics 122(2): 601-646.

[19] Faure, G. (1992) *Principles and applications of inorganic geochemistry*. Ed Maxwell Macmillan, Singapure.

[20] Fernández, N., Ramírez A., Solano F. (2003) "Índices Fisicoquímicos de Calidad del Agua: Un Estudio Comparativo", Conferencia Internacional Usos múltiples del agua: Para la Vida y el Desarrollo Sostenible. Universidad del Valle y CINARA, IWA. Cartagena. Colombia.

[21] Galarza, M. (2009) "Análisis de la efectividad de las tasas retributivas en Colombia: Estudio de Caso", Trabajo de Grado, Maestría en Economía. Universidad Javeriana, Bogotá D.C.

[22] Gani, A., Scrimgeour, F. (2014) "Modeling governance and water pollution using the institutional ecological economic framework", *Economic Modelling* 42.

[23] Gandini, M., Perez, M., Madera, C. (2000) "Política de control de la contaminación hídrica en Colombia: Elementos de discusión asociados a los objetivos de tratamiento", I Conferencia Latinoamericana en lagunas de estabilización y reuso. Instituto Cinara, Universidad del Valle. Cali, Colombia.

[24] Georgescu-Roger, N. (1971) *The Entropy Law and the Economic Process,* Cambridge, MA: Harvard University Press.

[25] Guerra, M. (2014) "Impacto del programa de tasas retributivas en Colombia", Trabajo de Grado, Universidad Piloto de Colombia.

[26] Goldar, B., Banerjee, N (2004) "Impact of informal regulation of pollution on water quality in rivers in India", *Journal of Environmental Management.* 73, 117–130.

[27] Grossman, G., Krueger A. (1996) 'The inverted-U: What does it mean?" *Environment and Development Economics*, 1 (1): 119–122.

[28] Grossman, G., Krueger, A. (1995) "Economic growth and the environment", *Quarterly Journal of Economics*. 110, 353–377.

[29] Grossman, G.; Krueger, A. (1993) "Environmental Impacts of a North American Free Trade Agreement", in: P. Garber (Ed.), The US–Mexico Free Trade Agreement, MIT Press, Cambridge, MA.

[30] Gujarati, D. (2010) *Econometría*. Quinta Edición, MacGraw – Hill.

[31] Harold H., Kim H., Xueqin Z. (2013), "Saving a river: a joint management approach to the Mekong River Basin", *Environment and Development Economics*, 18, 93-109.

[32] Khandker S., Koolwal., G, Samad, H.(2009) *Handbook on impact evaluation: Quantitative methods and practices*. Washington: World Bank Publications.

[33] Kline, P., Moretti, E. (2013) "Local Economic Development, Agglomeration Economies, and the Big Push: 100 Years of Evidence from the Tennessee Valley Authority", *The Quarterly Journal of Economics*, Oxford University Press, vol. 129(1), 275-331.

[34] Libecap, G. (2009) "The tragedy of the commons: Property rights and markets as solutions to resource and environmental problems", *Australian Journal of Agricultural and Resource Economics*. 53 (1), 129–144.

[35] López, J., Marí, M., Pérez, A., Nebot, M.(2011) "Diseños evaluativos en salud pública: Aspectos metodológicos", *Gac Sanit.* 25 (Suplemento 1), 9-16.

[36] Martín, L., Justo, J. (2015) "Analisis, prevención y resolución de conflictos por el agua en América Latina y el Caribe", Comisión Económica para América Latina y el Caribe (CEPAL) LC/L.3991. Santiago de Chile.

[37] Menhinick, H., Lawrence, D. (1953) "Tennessee Valley Authority: Planning in Operation", Liverpool University Press.

[38] Ministerio de Ambiente y Desarrollo Sostenible (2009) "Programa para el saneamiento, manejo y recuperación ambiental de la cuenca alta del río Cauca", Documento Conpes 3624, Bogotá, D.C.

[39] Morgan, A. (1934) "Purposes and Methods of the Tennessee Valley Authority", American Academy of Political and Social Science.

[40] Olson, Mancur. 1982 "*The Rise and Decline of Nations*", New Haven: Yale University Press.

[41] Ostrom, E. (1990), *Governing the Commons: The Evolution of Institutions for Collective Action*. Cambridge University Press.

[42] Ostrom, E., Roy, G., James, W. (1994) "*Rules, Games, and Common-Pool Resources*", Ann Arbor, MI: University of Michigan Press.

[43] Ostrom, E., Nagendra, H. (2006) "Insights on Linking Forests, Trees, and People from the Air, on the Ground, and in the Laboratory", *Proceedings of the National Academy of Sciences,* 103(51): 19224–19231.

[44] Paavola, J. (2007) "Institutions and environmental governance: a reconceptualization", *Ecological Economics*. 63, 93–103.

[45] Pennington, M. (2005) "Liberty, markets, and environmental values: A Hayekian defense of free-market environmentalism", *The Independent Review,* X/1, 39–57.

[46] Pigou, A. (1920) "*The Economics of Welfare",* Macmillan, Londres.

[47] Ramírez, A., Restrepo, R., Viña, G. (1997) "Cuatro índices de contaminación para caracterización de aguas continentales: Formulaciones y aplicación", *Ciencia, Tecnología y Futuro.* 1 (3).

[48] Rudas, G. (2002) "*Instrumentos económicos y financieros para la política ambiental*", Pontificia Universidad Bolivariana, Bogotá, D.C.

[49] Sánchez-Triana, E., Ahmed, K., Awe, Y. (2007) "Prioridades ambientales para la reducción de la pobreza en Colombia: Un análisis ambiental del país", Banco Mundial, Washington, DC.

[50] Shafik, N. (1994) "Economic development and environmental quality: An econometric analysis", Oxford Economic, Papers 46: 757–773.

[51] Sigmam, H. (2001) "International spillovers and water quality in rivers: do countries free ride?", Working Paper 8585.

[52] Stiglitz, J. (2000) "*La Economía del sector público*", Tercera edición, Editorial Antoni Boch, España.

[53] Slaviková, L., Kluvankova-Oravska, T., Jilkova, J. (2010) "Bridging theories on environmental governance: Insights from free-market approaches and institutional ecological economics perspectives", *Ecological Economics*, 69(7), 1368–1372.

[54] Solanes, M., Jouravlev, A. (2005) "Integrando economía, legislación y administración en la gestión del agua y sus servicios en América Latina y el Caribe", Comisión Económica para América Latina y el Caribe (CEPAL), LC/L.2397-P, Santiago de Chile.

[55] Stern, D., Common, M and Barbier, E. (1996) "Economic growth and environmental degradation: The environmental Kuznets curve and sustainable development", World Development 24, (7): 1151–1160.

[56] Tortajada, C., Islam, S. (2011) "Governance in urban water quality and water disaster: a focus on Asia", Water International. 36 (6), 764–766.

[57] UNESCO (1996) "*Water Quality Assessments*", Londres, Reino Unido.

[58] Vatn, A. (2005a) "Rationality, institutions and environmental policy", *Ecological Economics* 55 (2), 203–217.

[59] Young, O. (2002) "*The Institutional Dimensions of Environmental Change Fit, Interplay and Scale*", The MIT Press, Cambridge.

Anexo.

Gráfica 1. Variación de la Demanda Bioquímica de Oxigeno (DBO_5) en la cuenca alta del río Cauca.

a.) DBO_5 Pre-Salvajina vs Pos-Salvajina

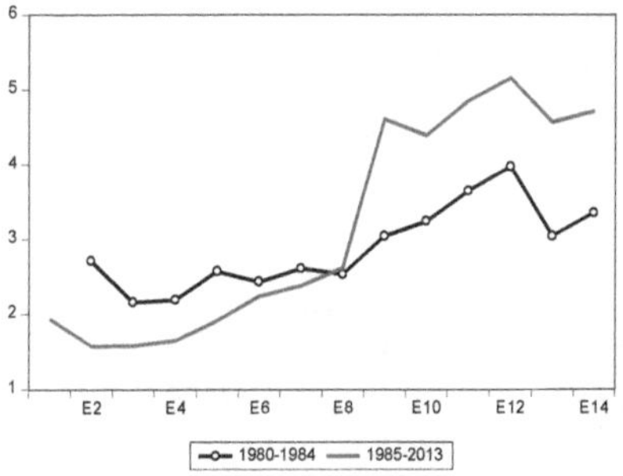

b.) DBO_5 Antes-Después Tasa retributiva

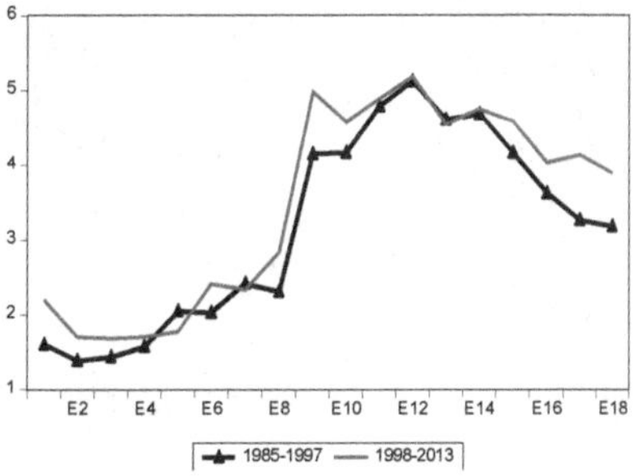

c.) DBO_5 Entre Estaciones de Monitoreo

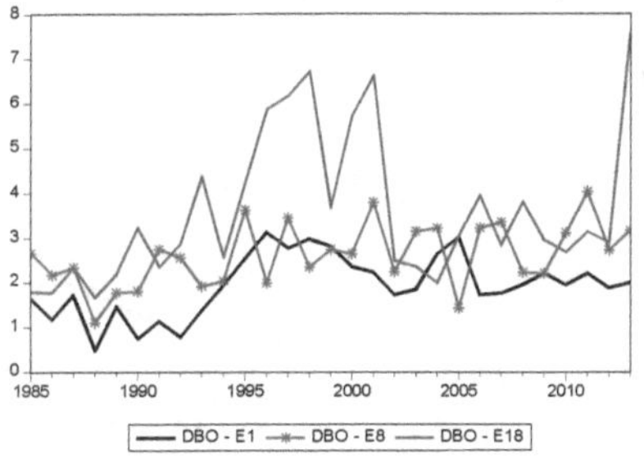

Gráfica 2. Variación de la Demanda Química de Oxigeno (DQO) en la cuenca alta del río Cauca.

a.) DQO Pre-Salvajina vs Pos-Salvajina.

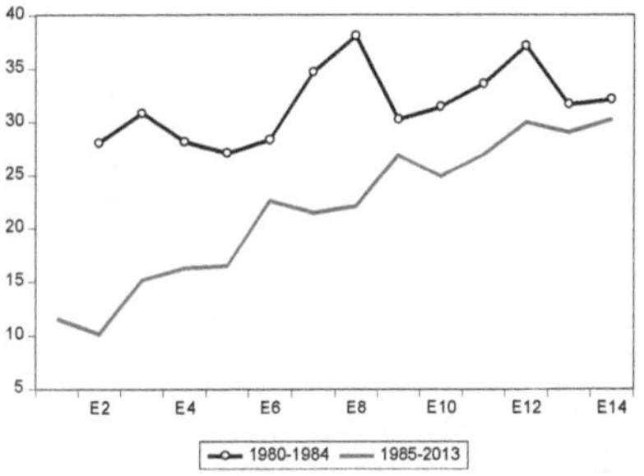

b.) DQO Antes -Después Tasa retributiva.

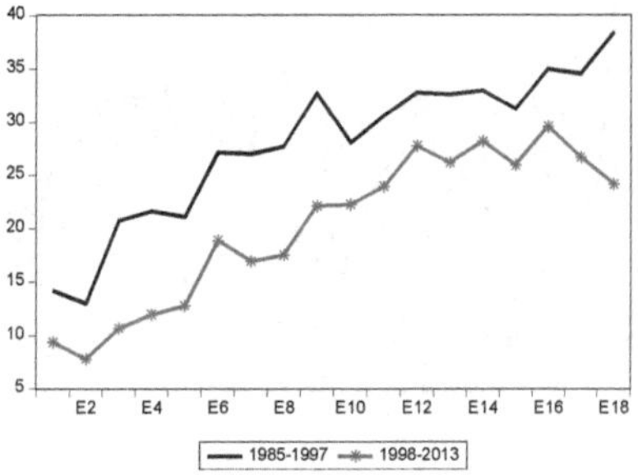

c.) DQO_5 Entre Estaciones de Monitoreo.

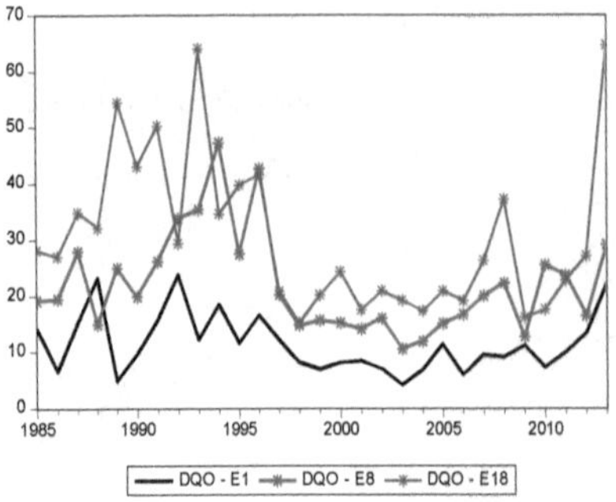

Gráfica 3. Variación del Oxígeno Disuelto (OD) en la cuenca alta del río Cauca.

a.) OD Pre-Salvajina vs Pos-Salvajina.

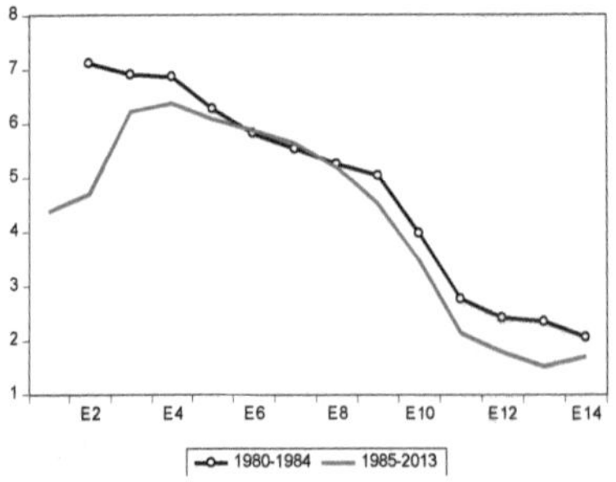

b.) OD Antes-Después Tasa retributiva.

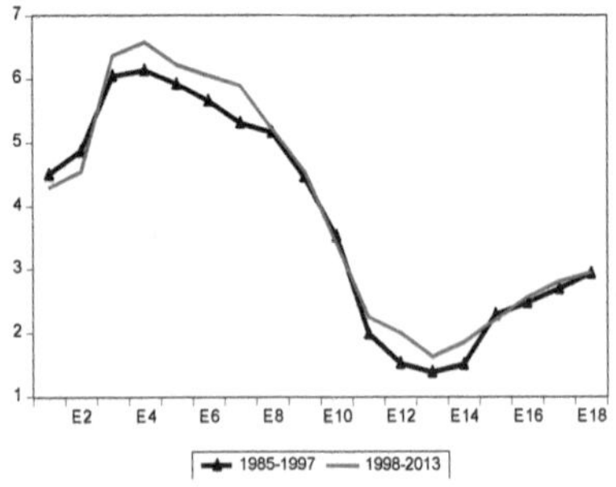

c.) OD Entre Estaciones de Monitoreo

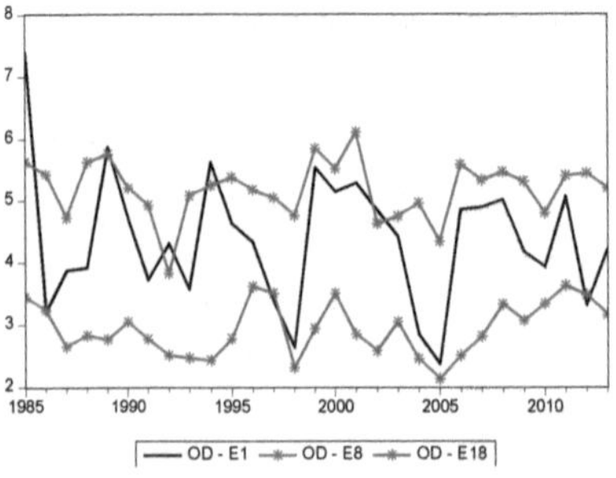

Gráfica 4. Variación de los Sólidos Suspendidos (SS) en la cuenca alta del río Cauca.

a.) SS Pre-Salvajina vs Pos-Salvajina.

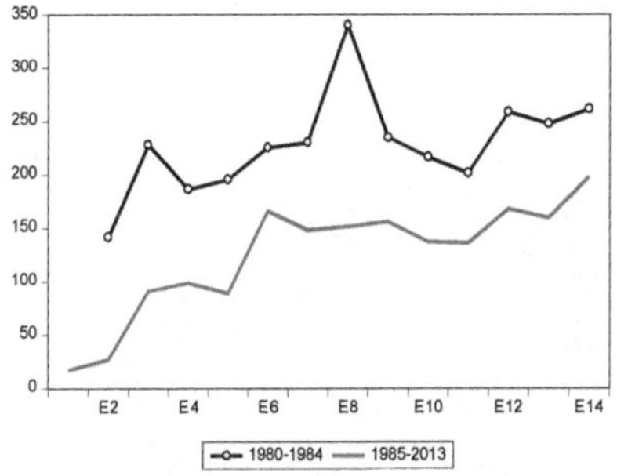

b.) SS Antes-Después Tasa retributiva

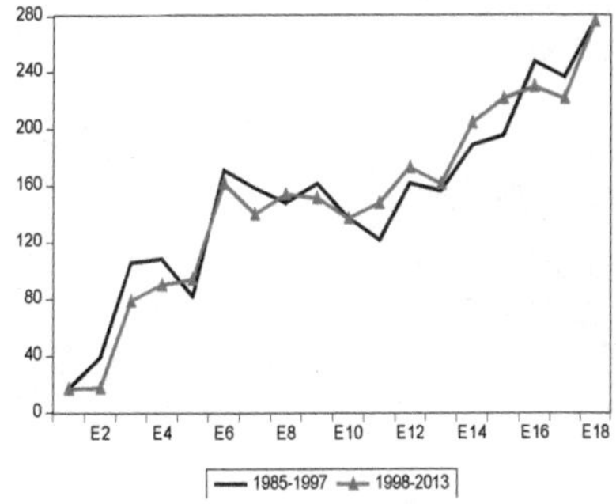

c.) SS Entre Estaciones de Monitoreo

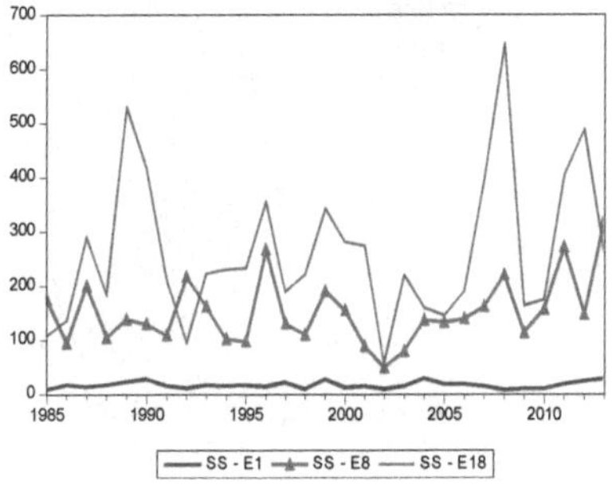

Gráfica 5. Variación de los coliformes fecales (ColF) en la cuenca alta del río Cauca.

a.) ColF Antes-Después Tasa retributiva

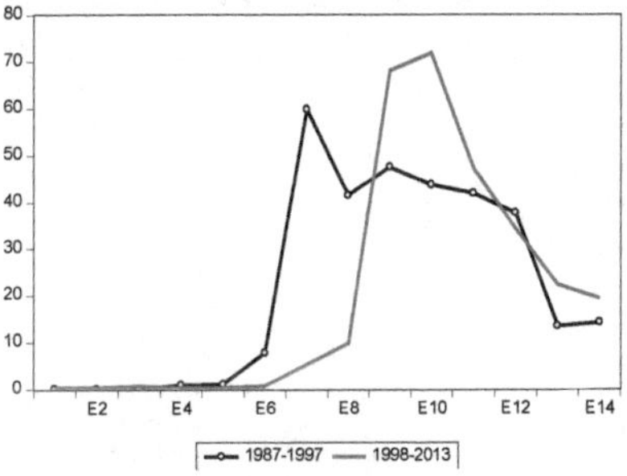

b.) ColF Entre Estaciones de Monitoreo

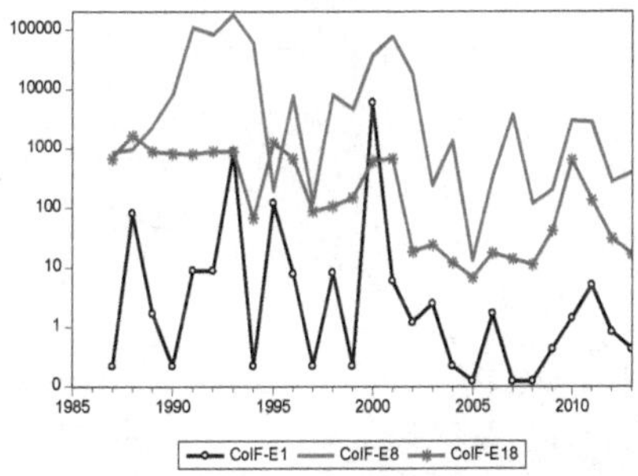

Gráfica 6. Variación del nitrógeno total en la cuenca alta del río Cauca.

a.) Nit Antes-Después Tasa retributiva

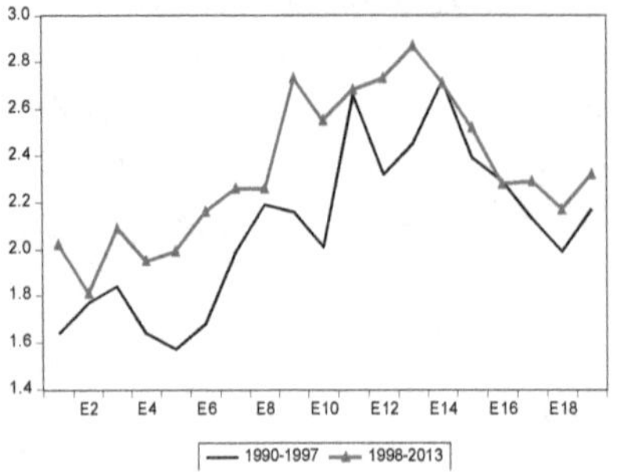

b.) Nit Entre Estaciones de Monitoreo

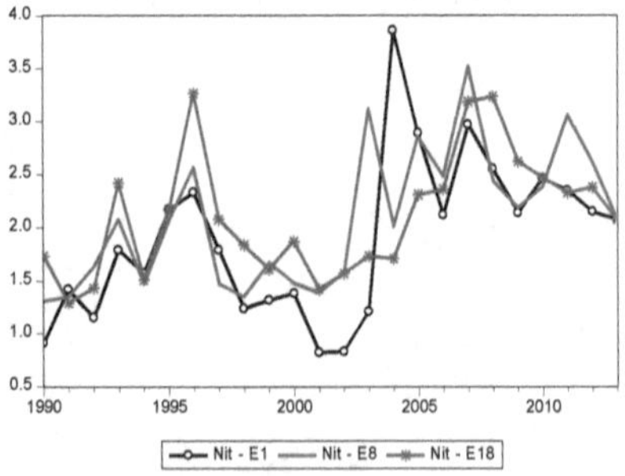

Gráfica 7. Variación del fósforo total en la cuenca alta del río Cauca.

a.) Fósforo Antes-Después Tasa retributiva

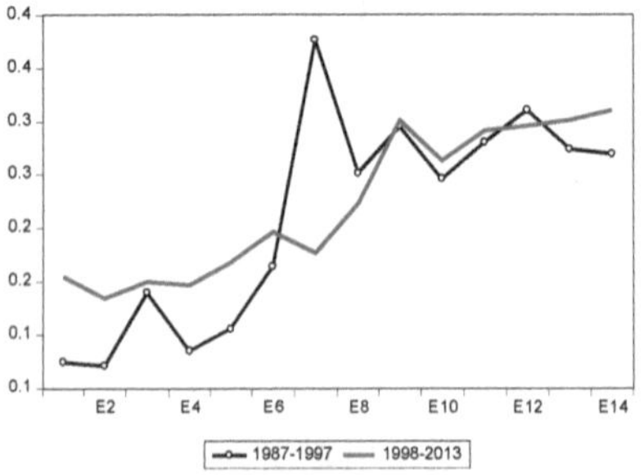

b.) Fósforo Entre Estaciones de Monitoreo

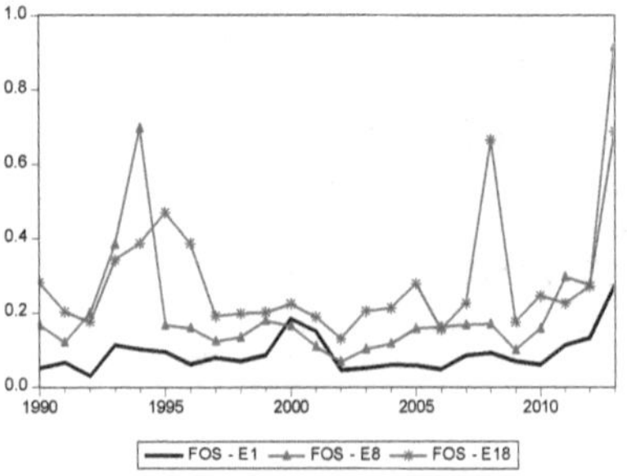

Gráfica 8. Producción de energía, regulación del caudal y área cultivada de caña de azúcar.

a.) Área cultivada de caña vs caudal E_8

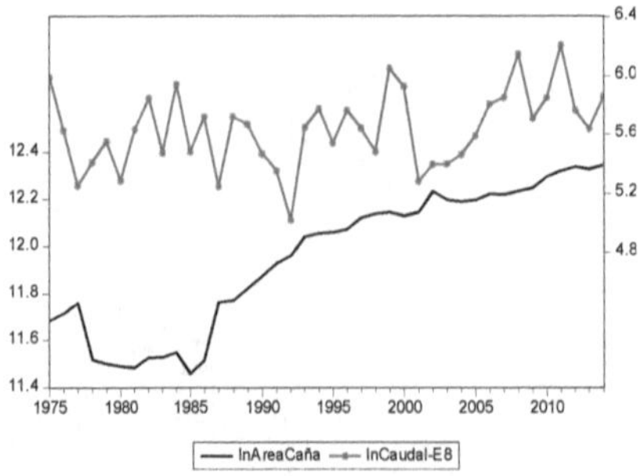

b.) Generación energía (GWh) vs caudal E_8

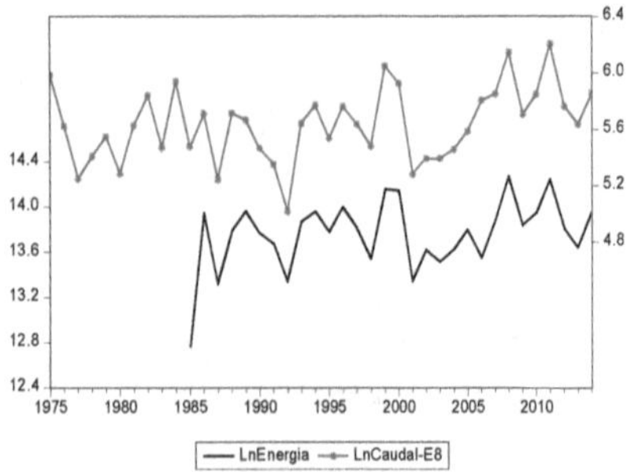

More Books!

yes

I want morebooks!

Buy your books fast and straightforward online - at one of the world's fastest growing online book stores! Environmentally sound due to Print-on-Demand technologies.

Buy your books online at

www.get-morebooks.com

¡Compre sus libros rápido y directo en internet, en una de las librerías en línea con mayor crecimiento en el mundo! Producción que protege el medio ambiente a través de las tecnologías de impresión bajo demanda.

Compre sus libros online en

www.morebooks.es

OmniScriptum Marketing DEU GmbH
Bahnhofstr. 28
D - 66111 Saarbrücken
Telefax: +49 681 93 81 567-9

info@omniscriptum.com
www.omniscriptum.com

OMNIScriptum

FSC
www.fsc.org
MIX
Papier | Fördert gute Waldnutzung
FSC® C083411

Kolibri 360 GmbH
Ferdinand-Jühlke-Straße 7
99095 Erfurt, Deutschland
produktsicherheit@kolibri360.de

Druck:
CPI Druckdienstleistungen GmbH
im Auftrag der
Kolibri 360 GmbH
Ferdinand-Jühlke-Str. 7
99095 Erfurt